"十四五"职业教育国家规划教材

物流基础

(第三版)

郑 彬 章华锋 主编

中国财经出版传媒集团
中国财政经济出版社

图书在版编目（CIP）数据

物流基础／郑彬，章华锋主编. --3版. --北京：中国财政经济出版社，2023.9（2025.7重印）
“十四五”职业教育国家规划教材
ISBN 978-7-5223-2387-9

Ⅰ.①物… Ⅱ.①郑… ②章… Ⅲ.①物流管理-中等专业学校-教材 Ⅳ.①F252.1

中国国家版本馆CIP数据核字（2023）第142829号

责任编辑：王佳欣　　责任校对：张　凡
封面设计：卜建辰　　通　　读：杨　波

物流基础（第三版）
WULIU JICHU（DISANBAN）

中国财政经济出版社 出版

URL：http：//www.cfeph.cn
E-mail：cfeph@cfeph.cn

社址：北京市海淀区阜成路甲28号　邮政编码：100142
营销中心电话：010-88191522
天猫网店：中国财政经济出版社旗舰店
网址：https：//zgczjjcbs.tmall.com
北京密兴印刷有限公司印刷　各地新华书店经销
成品尺寸：185mm×260mm　16开　10印张　210 000字
2023年9月第3版　2025年7月北京第2次印刷
定价：30.00元
ISBN 978-7-5223-2387-9
（图书出现印装问题，本社负责调换，电话：010-88190548）
本社质量投诉电话：010-88190744
打击盗版举报热线：010-88191661　QQ：2242791300

编写 说明

物流是国民经济的动脉，是联系生产和消费、城市和乡村的纽带。物流业是国民经济发展的战略性、基础性、先导性产业，是供应链产业链上的重要一环。党的二十大报告指出，“着力提升产业链供应链韧性和安全水平”“加快建设交通强国”“确保重要产业链供应链安全”。报告对供应链的关注从以往微观企业层面提升到产业层面，将产业链、供应链安全提升到国家安全层面，并且再次提到交通强国建设。这些都凸显了物流行业的重要性。

从党的十八大到党的二十大，物流业在市场经济中的地位逐渐凸显；物流设施地位提高，确立了物流基础性、战略性、准公益性的地位。从现代物流业取得的成就来看，我国加大了物流基础设施建设，搭建了以国家物流枢纽为核心，多种运输方式为通道，骨干冷链物流基地、示范物流园区、多式联运场站、城市配送中心、物流末端网点等为支撑的物流基础设施网络，初步形成了“通道＋枢纽＋网络”的物流运行体系。社会物流总额由2012年的177.3万亿元增长到2022年的347.6万亿元，年均增长达到6.96%，成为全球最大的物流市场。从趋势上来看，未来我国物流业将持续上行发展，迎来重大发展机遇。

“物流基础”既是中等职业学校物流服务与管理专业的核心课程，也是本专业的入门课程。经过中等职业学校物流服务与管理专业教师们10多年来的教学实践与研究，本课程从最初学科体系的知识架构，逐渐发展为与物流行业、物流企业生产实际、人才需求接轨，广大教师在一线通过挂职锻炼，对物流企业基层岗位的认识也有显著提高，笔者与合作者一同在企业专家的指导下，依据教育部《中等职业学校物流服务与管理专业教学标准》重构《物流基础》教材体系，遵从学生的认知规律，按照认识物流、感受企业物流、体验物流作业、构建物流人生4个项目构建课程体系，通过4个项目20个任务将物流服务与管理的基本知识融入其中。

本书内容上以《中等职业学校物流服务与管理专业教学标准》中“物流基础”课程培养目标及核心能力为指导，紧紧围绕物流企业基层员工基本应知要求的核心，以行动导向教育理念为指导，贴近物流企业工作实际，每个项目下的任务都具有很强的可操作性，方便教师组织理论与实践一体化的教学。

本书的每个具体任务由以下模块组成：

（1）任务描述：本书通过在任务中创设教学情境从而引入具体任务。所有情境均由中职生在学习中遇到的问题构成，引出学习任务，旨在帮助教师开展任务引领式教学。

（2）任务目标：本书为每个具体任务的完成给出目标。

（3）任务实施：介绍完成任务过程中学生应该具备的理论知识和具体的生产实践技能，并阐述小组活动内容、活动要求、活动步骤等。

（4）任务评价：阐明具体教学活动如何考核。

（5）应用训练：指导学生拓展训练。

（6）拓展提升：用生动的案例或行业相关知识介绍，为学有余力的学生提供自主学习的素材。

每个项目后面设有"回味与思考"模块，通过单选、多选、判断及简答等题型的训练，帮助学生巩固所学知识，自我检查任务的完成情况。

本次修订以专业教学标准规定的课程培养目标及核心能力为指导，突出物流服务与管理专业及相关专业核心专业基础课程的地位，紧紧围绕物流企业基层员工应知应会的内容，适应"1+X"证书制度试点工作需要，将职业技能等级标准有关内容及要求有机融入教材中，主要从课堂活动内容、评价方式及标准等方面进行完善；通过扫描"二维码"获得课程资源建设内容，强化知识点内容，拓展知识点的外延，贴近物流产业、物流行业和物流企业实践与发展，适应职业教育教学改革需要，注重以真实生产项目、典型工作任务等为载体组织教学。

本书在编写过程中，得到武汉大道物流股份有限公司何文会总监、国储物流武汉分公司史红田副总经理的指导。他们还对本书进行了细致审稿，提出许多宝贵意见，在此表示衷心感谢。本书成稿后，在武汉市财政学校试用，得到物流教研室同仁的无私帮助，在此一并表示感谢。

本书建议课时为72学时，具体学时分配参见下表：

序　号	项　　目	参考学时
1	项目一　认识物流	24
2	项目二　感受企业物流	16
3	项目三　体验物流作业	18
4	项目四　构建物流人生	14
5	总　　计	72

本书由武汉市财政学校郑彬、合肥市经贸旅游学校章华锋担任主编。参加本次编写的有武汉市财政学校郑彬（项目二），合肥市经贸旅游学校章华锋（项目一），武汉市财政学校殷鹏程（项目三），合肥市经贸旅游学校董文学（项目四）。全书由郑彬统稿与总纂，武汉大道物流股份有限公司何文会总监、国储物流武汉分公司史红田副总经理审稿。

本书可以作为中职学校物流服务与管理专业、电子商务、连锁经营等相关专业的教学用书及参考用书，也可作为物流企业从业人员岗位培训教材和自学用书。

由于作者水平有限，书中错漏之处在所难免，恳请广大读者批评指正。

本书为用书学校任课老师提供了课后习题的参考答案和电子课件，如有需要请以电子邮件的形式向中国财政经济出版社索取（请注明：学校、书名、版次），Email：caijingjiaocai@163.com，也可登录如下网址下载：http://jiaocai.cfeph.cn。

编 者

2025年7月

目 录

项目一 1 认识物流

任务一 认识物流行业

任务描述

某中职学校为新入学的物流专业同学安排了一次物流公司的参观活动。一年级的同学被安排参观学校附近的××快递公司。同学们的好奇心从进入快递公司的那一瞬间就被完全激发了，“快递公司也是物流企业么?”“物流企业都有哪些啊?”“物流公司都有哪些业务啊?”……大家叽叽喳喳，你一言我一语地围着工作人员问东问西，在工作人员和老师的带领下，同学们对物流企业有了更加全面的了解。

同学们在你一言我一语中显示出了对物流行业的好奇，那么，什么是物流？什么是物流企业？物流活动都有哪些呢？就让我们走近物流，深入了解。

任务目标

素质目标：

1. 培养学生探究学习的能力
2. 培养学生逻辑表达能力
3. 培养学生查阅资料的基本能力

知识目标：

1. 了解物流产生的背景
2. 掌握物流的内涵
3. 熟悉物流行业的发展

能力目标：

1. 能陈述我国物流产生与发展过程
2. 能识别物流的各项基本功能
3. 能描述物流行业的发展

任务实施

一、知识准备

（一）认识物流

1. 物流

一张图看懂物流发展演变史

自改革开放后的40余年内，我国物流行业发展迅速：1979年日本OCS（欧西爱司）快递成为最早进入中国市场的国外快递公司；1984年FedEx进入中国，同年中国物流研究会正式成立；1986年DHL进入中国；1988年UPS和TNT共同进入中国；1992年全国货运量首次突破100亿吨；1993年顺丰和申通、我国第一家股份制铁路公司广深铁路股份有限公司、中铁铁龙集装箱物流股份有限公司相继成立；1994年宅急送成立；1999—2003年韵达、圆通、中通和百世汇通相继成立。至2000年末，全国货运量约135.8亿吨，较1978年增长545.38%。

自2001年我国正式加入WTO后，物流行业开启了新的发展阶段，助推“中国制造”走向全球。

“十五”计划（2001—2005年）时期，《关于加快我国现代物流发展的若干意见》和《关于促进我国现代物流业发展的意见》相继颁布，提出：加快发展现代物流业，是我国应对经济全球化和加入世界贸易组织的迫切需要；要尽快在全国范围内形成物畅其流、快捷准时、经济合理、用户满意的社会化、专业化的现代物流服务体系；“十一五”计划（2006—2010年）时期，国家层面提出：大力推广现代物流管理技术，加强物流新技术开发利用，推进物流信息化，加强物流基础设施整合等发展方向；“十二五”规划（2011—2015年）中明确了物流业的发展目标：物流业信息化、智能化和标准化水平明显提高，重点行业物流服务能力显著增强，初步建立社会化、专业化、信息化的现代物流体系；“十三五”期间（2015—2020年），我国将进一步把物流业降本增效和服务国家重大战略，作为降成本、补短板，推进供给侧结构性改革的重点任务，着力推动物流业创新发展。

到“十四五”时期，根据《“十四五”现代流通体系建设规划》和《“十四五”现代物流发展规划》，现代流通体系加快建设，商品和资源要素流动更加顺畅，商贸、物流设施更加完善等目标，成为“十四五”时期我国物流行业的重要任务；高度集成并融合运输、仓储、分拨、配送、信息等服务功能，是延伸产业链、提升价值链、打造供应链的重要支撑，在构建现代流通体系、促进形成强大国内市场、推动高质量发展、建设现代化经济体系中发挥着先导性、基础性、战略性作用。

【课堂体验】物流在我国的发展历程中，各阶段发展特点有哪些？

____

____

____

2. 物流的定义

2021 年最新修订的中华人民共和国国家标准《物流术语》（GB/T 18354－2021）中，对物流进行了定义：“根据实际需要，将运输、储存、装卸、搬运、包装、流通加工、配送、信息处理等基本功能有机结合，使物品从供应地向接收地进行实体流动的过程。”评价物流体系有五个主要因素：品质、数量、时间、地点和价格。品质是指物流过程中，物料的品质保持不变。数量是指符合经济性的数量要求和运输活动中往返运输尽可能满载等。时间是指以合理费用及时送达为原则的快速运输。地点是指选择合理的集运地及仓库，避免两次无效运输及多次转运。价格是指在保证质量及满足时间要求的前提下尽可能降低物流费用。

物流行业被业界称为“第三利润源”，被媒体称为“21 世纪最大的行业”，被老百姓称为“金饭碗”。

（1）物流行业是一个复合型产业。物流行业是由物流资源产业化而形成的一种复合型或聚合型产业，物流资源包括运输、仓储、装卸、搬运、包装、流通加工、配送、信息平台等，其中运输又包括铁路、公路、水运、航空、管道等。这些资源产业化就形成了运输业、仓储业、装卸业、包装业、加工配送业、物流信息业等。这些资源分散在多个领域，包括制造业、农业、流通业等。把产业化的物流资源加以整合，就形成了一种新的物流服务业。这是一种复合型产业，也可以称为聚合型产业，因为所有产业的物流资源不是简单地叠加，而是通过优化整合，可以起到 1＋1＞2 的功效。

（2）物流行业是生产性服务业。生产性服务业是指为第一、第二、第三产业的实物生产和服务生产提供服务的产业。我们可以把生产区分为农业生产、工业生产以及服务业生产，农业生产产出农产品，工业生产产出工业品，服务业生产产出服务产品。无论是农业生产、工业生产还是服务业生产，都需要外购服务作为生产要素投入本企业的生产过程，这些外购服务就构成服务性生产资料。在国际上，一般把 50% 以上产品用于生产的服务部门称为生产性服务业，50% 以上产品用于消费的服务部门称为消费性服务业。在发达国家，生产性服务业在整个服务业中的比重超过 60%，其发展速度也明显快于消费性服务业，特别是金融、物流、运输、信息、商务服务发展得最快。

【课堂体验】请简述中华人民共和国国家标准《物流术语》（GB/T 18354－2021）中对物流的定义。

（二）物流行业的发展

1. 物流业中的大行业

物流业由交通运输业、储运业、货运代理业及配送业四大行业构成。

（1）交通运输业。交通运输业不但包括各种不同运输形式的小行业，而且还包含为主体交通运输起支撑、保证、衔接作用的行业，交通运输业本身便是一种综合若干小行业的大行业。这是物流业的主体行业。

物流行业迈入“无人”时代

（2）储运业。储运业是以储存为主体的兼有多种职能的行业，包含若干小行业以及某些和储存联系密切的运输业，所以称作储运业。从规模上看，我国储运业远小于交通运输业。我国储运业可分为军队储运业、物资储运业、粮食储运业、商业储运业及乡镇储运业。

（3）货运代理业。货运代理业是物流中发展较快的一个行业，在国外已达到了较大规模。货运代理业是货主和运输业之外的第三者从事托运和货运委托人的业态。各种运输业除了直接办理承运手续以外，都由货运代理业通过委托、承办、代办等业务实现货主的运输要求。

（4）配送业。配送业是指以配送为主体的各类行业，这个行业要从事大量商流活动，是商流、物流一体化的行业。

在物流业的四大行业下还有许多小行业，其中不少小行业既属于这一大行业，又属于另一大行业，此处不再在大行业下细分小行业，而是将主要行业逐一列出。

2. 物流业中的小行业

（1）铁路运输业。在物流领域具体讲是指铁路货运业，这一行业包括与铁路运输有关的装卸、储运、小搬运等，在物流概念中不属于运输范畴的活动。铁路运输业从事的业务有整车运输业务、集装箱运输业务、混载货物运输业务和行李货物运输业务四类。铁路领域的不少生产性行业，如机车车辆制造等不包含在物流领域的铁路运输业之中。

（2）汽车货运业。汽车货运业在我国有特殊汽车货运和一般汽车货运两个行业领域：特殊汽车货运是专运长、大、重或危险品、特殊物品的货运业；一般汽车货运业是从事长途或区域内的货运业。汽车货运业在许多领域是附属其他行业之下的，而不自成行业或不独自核算。例如，为配合仓储存发货的汽车运输，为实现配送的汽车运输，为增加铁道、航空、水运等服务功能的汽车运输等，都各自隶属于主体行业。

（3）远洋货运业。从事海上长途运输的船运行业就是一般所称的海运业。这种行业的业务活动是以船舶运输为主，除此之外还包括港湾装卸和运输、保管等，这种运输往往是国际物流的一个领域。远洋运输业从事的业务有船舶运输、船舶租赁和租让、运输代办等。

（4）沿海船运业，是指主要从事近海和沿海的海运。

（5）内河船运业，是指在内河水道从事船舶货运的行业。海运、沿海运及内河运三种运输方式所使用的船舶吨位、技术性能、管理方式等都有所区别，因而各自形成独立的行业。

（6）航空货运业可分为航空货运业和航空货运代理业，前者直接受货运委托，后者是中间人行业，受货主委托，代办航空货运。航空货运业的主要业务有国际航空货运、国内航空货运、快运、包机运输等。

（7）集装箱联运业，是指专门办理集装箱“一票到底”联运的集装箱运输业，可以代货主委托完成各种运输方式的联合运输，并组织集装箱“门到门”运输、集装箱回运等业务。

（8）仓储业，是指以仓库存货为主体的行业，包括代存、代储等。

（9）中转储运业，是指以中转货物为主的仓储和运输业。

（10）托运业，是指以代办各种小量、零担运输、代包装为主体的行业。

（11）运输代办业，是指以代办大规模、大批量货物运输为主体的行业。

（12）起重装卸业，是指以大件、笨重货物的装卸、安装及搬运为主体的行业。

（13）快递业，是指以承接并组织快运快送服务为主体的行业。

（14）拆船业，是指以拆船加工为主体的“再生物流”行业。

（15）拆车业，是指以拆解汽车为主体的行业。

（16）集装箱租赁业，是指专门从事集装箱出租的行业。

（17）托盘联营业，是指组织托盘出租、交换等业务的行业。

【课堂体验】 我国物流业主要由哪四个行业构成？

二、小组活动安排

思政案例
平凡岗位上的不平凡

（一）活动内容

从超市的货架上随手取下一瓶洗发水，你知道这瓶洗发水要经过多少环节才能到达你的手里吗？

生产洗发水的工厂需要如何组织原材料进厂以及生产线上的物料移动？如何将它发送到销售商手里？

从这瓶洗发水走下流水线那一刻起，到你拿到手中为止，中间究竟被多少辆车运转到多少个配送中心？历经多少个批发商及多少人的手才被送上超市的货架？

任务：

（1）洗发水和这些活动有什么关系？

（2）这些活动的统称是什么？

（二）成果展示

（1）各小组结合知识准备的内容，对活动内容进行分析。

（2）每个小组的代表向同学们进行成果展示，要求语言通顺、表述清晰。

任务评价

1．小组活动评价标准

组长负责每个组员的工作过程，制定量化评价标准，总分值为30分，各项评价标准如下：

（1）态度：积极参与课堂活动，态度端正。

（2）意识：互助合作，服从组长安排，各小组成员一起分担任务和责任。

（3）展示：能参与活动展示，语言清晰，举止大方得体。

（4）效果：完成活动任务，分析准确、全面。

表1－1所示为小组成员评价意见。

表1－1　　小组成员评价表

小组名称：　　　　组长：

小组成员	态度（5分）	意识（10分）	展示（5分）	效果（10分）

2. 教师评价标准

教师负责评价每组的任务完成情况，制定量化评价标准，对工作结果进行评价。总分值最高70分。教师对小组进行评价的标准见表1－2。

表1－2 小组评价指标

序号	评价指标	分值（分）
1	能在规定时间内小组合作完成工作任务并顺利展示，操作流程规范，岗位职责明确	60～70
2	能在规定时间内小组合作完成工作任务，能进行展示，但在操作流程规范，岗位分工等方面存在小问题	50～59
3	获得教师或其他组的帮助后能完成工作任务并进行展示	0～49

3. 教师点评

教师进行点评时，开展小组自评、组间互评，教师汇总各小组评价进行总结点评，每个学生最后得分为所在小组分值加上成员评价分值。

应用训练

（1）安排学生上网查找有关物流的小知识、小案例，利用课余时间进行交流。

（2）展示部分知名物流企业的相关案例，让学生能多方面地了解物流行业。

拓展提升

《“十四五”现代物流发展规划》解读

——现代物流高质量发展的“新蓝图”

贺登才①

国务院办公厅于2022年5月17日，正式发布《“十四五”现代物流发展规划》（国办发〔2022〕17号），以下简称《规划》。这是继《国务院关于印发物流业调整和振兴规划的通知》（国发〔2009〕8号，以下简称《物流业调整和振兴规划》）和《国务院关于印发物流业发展中长期规划（2014—2020年）的通知》（国发〔2014〕42号，以下简称《物流业发展中长期规划（2014—2020年）》）之后，国务院层面又一个推动现代物流发展的纲领性文件，是指引“十四五”时期建设现代物流体系，推动高质量发展的“新蓝图”。

《规划》分为四大板块、七大部分。第一部分“现状形势”，阐述了现代物流发展基础、突出问题和面临的形势；第二部分“总体要求”，明确了指导思想、基本原则和主要目标；第三至第六部分对主要任务和重点工程做了全面部署，构成《规划》的核心板块；第七部分“实施保障”提出了具体保障措施。

本次《规划》的实施期限，第一次与国家五年规划同步。与前两个物流规划相比，《规划》的实施主体由“物流业”扩展为“现代物流”，体现了现代物流与相关产业融合创新发

① 贺登才，中国物流与采购联合会副会长、“十四五”国家发展规划专家委员会委员。

展的趋势和规律，强调了现代物流在现代化经济体系中的先导性、基础性、战略性地位和作用。《规划》按照立足新发展阶段，贯彻新发展理念，支撑构建新发展格局，推动高质量发展的总体思路，根据《中华人民共和国国民经济和社会发展第十四个五年规划和2035年远景目标纲要》，对“十四五”现代物流发展作出了全面、深入、系统的安排部署。

一、充分认识新阶段新形势

我国自1978年引进物流概念以来，现代物流经历了理念传播、实践探索、产业地位确立和创新发展的阶段。2006年，“十一五”规划纲要首次提出“大力发展现代物流业”。2009年，为应对国际金融危机，国务院将《物流业调整和振兴规划》纳入当年“十大规划”之一。2011年，国务院办公厅印发《关于促进物流业健康发展政策措施的意见》（业内称为“物流国九条”），促进现代物流发展的专题政策开始列入国务院政策层面。

党的十八大以来，现代物流发展进入新阶段。习近平总书记多次深入物流市场和企业考察调研，从国家战略高度和发展全局出发发表了一系列重要讲话，作出了一系列重要指示批示。2014年，国务院发布《物流业发展中长期规划（2014—2020年）》，把物流业提升到基础性、战略性产业高度，对“十三五”时期物流业健康发展发挥了重要指导作用。

《规划》首先总结分析了党的十八大以来，特别是“十三五”时期我国现代物流发展的现状与问题。特别指出，“十三五”以来，我国现代物流规模效益持续提高，物流资源整合提质增速，物流结构调整加快推进，科技赋能促进创新发展，国际物流网络不断延展，营商环境持续改善，对国民经济发展的支撑保障作用显著增强。讲到我国现代物流发展的突出问题时，《规划》列举了主要表现：一是物流降本增效仍需深化；二是结构性失衡问题亟待破局；三是大而不强问题有待解决，与世界物流强国相比仍存在差距，建设“物流强国”之梦呼之欲出；四是部分领域短板较为突出。以上对现状和问题的深入剖析，准确描绘出“十四五”现代物流发展的现实基础。

对于新阶段面临的新形势、新要求，《规划》作了系统分析和完整表述：统筹国内国际两个大局要求强化现代物流的战略支撑引领能力，建设现代产业体系要求提高现代物流的价值创造能力，实施扩大内需战略要求发挥现代物流畅通经济循环的作用，新一轮科技革命要求加快现代物流技术创新与业态升级。

二、准确把握总体要求

《规划》紧密结合现代物流发展的基础和面临的形势，明确提出了指导思想、基本原则和主要目标，共同构成全文的总纲，也是“十四五”时期现代物流发展的指导方针。

《规划》提出的指导思想是，以习近平新时代中国特色社会主义思想为指导，坚持稳中求进工作总基调，完整、准确、全面贯彻新发展理念，加快构建新发展格局，全面深化改革开放，坚持创新驱动发展，推动高质量发展，坚持以供给侧结构性改革为主线，统筹疫情防控和经济社会发展，统筹发展和安全，提升产业链供应链韧性和安全水平，推动构建现代物流体系，推进现代物流提质、增效、降本，为建设现代产业体系、形成强大国内市场、推动高水平对外开放提供有力支撑。根据以上指导思想，《规划》确定了市场主导、政府引导，系统观念、统筹推进，创新驱动、联动融合，绿色低碳、安全韧性的基本原则。

《规划》提出的主要目标是，到2025年，基本建成现代物流体系。具体目标有：一是物流创新发展能力和企业竞争力显著增强；二是物流服务质量效率明显提升，社会物流总费用与国内生产总值的比率较2020年下降2个百分点左右；三是“通道+枢纽+网络”运行体系基本形成；四是安全绿色发展水平大幅提高；五是现代物流发展制度环境更加完善。以上主要目标和具体目标，形成了宏观要求和微观实操相衔接、未来发展和既有基础相兼容、定量指标和定性表述相结合的主要目标体系。与前两个规划相比，既有守正传承，更体现了创新发展、高质量发展的目标导向。

《规划》展望2035年，现代物流体系更加完善，具有国际竞争力的一流物流企业成长壮大，通达全球的物流服务网络更加健全，对区域协调发展和实体经济高质量发展的支撑引领作用更加有力，为基本实现社会主义现代化提供坚实保障。

这一部分的主要创新点在于：一是首次将“提升产业链供应链韧性和安全水平”列入指导思想；二是将原来“降本增效”的提法改为“提质、增效、降本”；三是明确了现代物流体系的基本内涵，即“供需适配、内外联通、安全高效、智慧绿色”；四是在主要目标中明确了“形成一批具有较强国际竞争力的骨干物流企业和服务品牌”；五是明确提出“完成120个左右国家物流枢纽、100个左右国家骨干冷链物流基地布局建设，建设20个左右国家物流枢纽经济示范区”的量化指标。

三、扎实推进主要任务和重点工程

《规划》第三至第六部分，部署了4个方面22项主要任务和11个专栏14项重点工程，是全文主体内容的集中体现。这些任务涉及资源整合、通道建设、服务体系、价值链条、民生保障、应急能力、提质增效、产业融合、数字赋能、绿色物流、供应链战略、国际网络、农村物流、商贸物流、冷链物流、高铁快运、专业物流、市场主体、科技与人才体系等诸多方面，体现了融合创新发展的战略意图。这些主要任务和重点工程，既是现代物流深度融入产业体系、支撑流通体系，促进形成强大国内市场，维护产业链供应链安全韧性，构建新发展格局的光荣使命，更是现代物流高质量发展的客观需要。

第三部分，精准聚焦现代物流发展重点方向，提出6项主要任务：一是加快物流枢纽资源整合建设；二是构建国际国内物流大通道；三是完善现代物流服务体系；四是延伸物流服务价值链条；五是强化现代物流对社会民生的服务保障；六是提升现代物流安全应急能力。

第四部分，加快培育现代物流转型升级新动能，包含6项主要任务：一是推动物流提质增效降本；二是促进物流业与制造业深度融合；三是强化数字化科技赋能；四是推动绿色物流发展；五是做好供应链战略设计；六是培育发展物流经济。

第五部分，深度挖掘现代物流重点领域潜力，包括7项主要任务：一是加快国际物流网络化发展；二是补齐农村物流发展短板；三是促进商贸物流提档升级；四是提升冷链物流服务水平；五是推进铁路（高铁）快运稳步发展；六是提高专业物流质量和效率；七是提升应急物流发展水平。

第六部分，强化现代物流发展支撑体系，包括3项重点任务：一是培育充满活力的物流市场主体；二是强化基础标准和制度支撑；三是打造创新实用的科技与人才体系。

为配合主要任务落实，《规划》提出11个专栏14项重点工程：一是国家物流枢纽建设工程；二是铁路物流升级改造工程；三是物流业与制造业融合创新工程；四是数字物流创新提质工程；五是绿色低碳物流创新工程；六是现代供应链体系建设工程（分为现代供应链创新发展工程、制造业供应链提升工程）；七是国际物流网络畅通工程（分为国际物流设施提升工程、西部陆海新通道增量提质工程)；八是冷链物流基础设施网络提升工程（分为国家骨干冷链物流基地建设工程、产地保鲜设施建设工程)；九是应急物流保障工程；十是现代物流企业竞争力培育工程；十一是物流标准化推进工程。以上重点工程，都是现代物流体系建设的核心工程，也是“十四五”时期国家政策支持的重点方向。

与前两个《规划》相比，本次新增的重点工程应该引起特别关注。一是国家物流枢纽建设工程。提出优化国家物流枢纽布局；发挥国家物流枢纽联盟的组织协调作用，形成稳定完善的国家物流枢纽合作机制；积极推进国家级示范物流园区的数字化、智慧化、绿色化改造等。二是铁路物流升级改造工程。提出大力组织班列化货物列车开行，形成“核心节点+通道+班列”的高效物流组织体系；到2025年，沿海主要港口、大宗货物年运量150万吨以上的大型工矿企业、新建物流园区等的铁路物流专用线接入比例力争达到85%左右。三是国际物流网络畅通工程。提出国际物流设施提升工程、西部陆海新通道增量提质工程。四是现代供应链体系建设工程。提出现代供应链创新发展工程、制造业供应链提升工程。五是冷链物流基础设施网络提升工程。提出国家骨干冷链物流基地建设工程、产地保鲜设施建设工程。

四、切实加强组织实施保障

一分部署、九分落实。《规划》第七部分提出了优化营商环境、创新体制机制、强化政策支持、深化国际合作和加强组织实施等五条实施保障措施。有的是针对多年没有解决或解决不好的“老问题”提出，也有一些是根据现实需求出台的“新举措”。这些“好政策”“新举措”，坚持问题导向，直面行业诉求，针对性、可操作性强，值得期待。与前两个《规划》相比，具有突破性、创新性的政策措施，主要体现在以下10个方面。

一是关于物流立法。《规划》提出“完善物流发展相关立法，推动健全物流业法律法规体系和法治监督体系”“开展《现代物流促进法》等综合性法律的立法研究和准备工作”。这为确立市场化、法治化、国际化营商环境指明了方向。

二是关于物流用地。《规划》提出“完善物流设施专项规划，重点保障国家物流枢纽等重大物流基础设施和港航设施等的合理用地用海需求，确保物流用地规模、土地性质和空间位置长期稳定”“鼓励地方政府盘活存量土地和闲置土地资源用于物流设施建设”“支持物流企业利用自有土地进行物流基础设施升级改造”“支持依法合规利用铁路划拨用地、集体建设用地建设物流基础设施”。这些具有重大突破性质的政策措施，必将有效缓解物流“用地难、用地贵”问题。

三是关于铁路货运市场化改革。《规划》提出“深化铁路货运市场化改革，推进投融资、运输组织、科技创新等体制机制改革，吸引社会资本进入，推动铁路货运市场主体多元化和服务创新发展，促进运输市场公平有序竞争。鼓励铁路企业与港口、社会物流企业等交叉持股，拓展战略合作联盟。”此项政策真正落地，将会有效推进铁路货运市场化改革，改变物流市场竞争格局。

四是税收征管政策。《规划》提出“落实深化税收征管制度改革有关部署，推进现代物流领域发票电子化。按规定落实物流企业大宗商品仓储设施用地城镇土地使用税减半征收、购置挂车车辆购置税减半征收等税收优惠政策”。这一规定，将现行物流税收优惠政策以国务院名义固定下来，给行业吃了“定心丸”。

五是简政降费政策。《规划》提出“严格落实已出台的物流简政降费政策，严格执行收费目录清单和公示制度，严禁违规收费，坚决治理乱收费、乱罚款、乱摊派，依法治理‘只收费、不服务’的行为。清理规范铁路、港口、机场等收费，对主要海运口岸、机场地面服务收费开展专项调查，增强铁路货运收费透明度。对货运车辆定位信息及相关服务商开展典型成本调查，及时调整过高收费标准。”上述政策，可以作为行业企业抵制“三乱”的“尚方宝剑”。

六是金融保险政策。《规划》对“成立物流产业相关投资基金”“加大对骨干物流企业和中小物流企业的信贷支持力度”“拓宽企业兼并重组融资渠道”“鼓励保险公司开发农产品仓储保鲜冷链物流保险”等都有明确规定。如能有效落实，有望缓解行业企业“融资难”“融资贵”难题。

七是依法监管政策。《规划》围绕深化“放管服”改革的总体要求，提出“严格依法行政依法监管，统一物流监管执法标准和处罚清单”。对于放宽物流领域相关市场准入，消除各类地方保护和隐性壁垒；推动物流领域资质证照电子化，开展“一照多址”“一网通办”改革；对物流领域（不含快递）资质许可向资质备案和告知承诺转变等作出明确规定。这些政策措施的实施，对于减轻企业负担、优化营商环境将会起到重要作用。

八是规范市场政策。《规划》提出“推动跨部门、跨区域、跨层级政务信息开放共享”“推动部门间物流安检互认、数据互通共享，减少不必要的重复安检”“大力推动货车非法改装治理，研究制定非标准货运车辆治理工作方案”。这些规定对于避免多头管理和重复监管以及重复安检，深化治理超限超载，营造开放、公平的市场竞争环境十分及时，很有必要。

九是便利通关政策。《规划》提出“依托国际贸易‘单一窗口’创新‘通关＋物流’服务，提高口岸智慧管理和服务水平”“推动建立国际物流通道沿线国家协作机制，加强便利化运输、智慧海关、智能边境、智享联通等方面合作。持续推动中欧班列‘关铁通’项目在有合作意愿的国家落地实施”。这些政策，有利于推进通关便利化，支持国际物流发展和更高水平对外开放。

十是完善社会治理结构。《规划》提出“建立现代物流发展专家咨询委员会，加强对重大问题的调查研究和政策咨询，指导规划任务科学推进。推动行业协会深度参与行业治理，发挥社会监督职能，加强行业自律和规范发展，助力规划落地实施”。这里强调发挥专家咨询作用，要求行业协会“深度参与行业治理”，为形成和完善社会治理结构，提供了组织和制度保障。

任务二
体验物流企业

京东物流 vs 阿里菜鸟 vs 亚马逊，智能物流系统大比拼

任务描述

经过上次的快递企业参观，很多同学对物流和物流企业都产生了浓厚的兴趣。又到了课

外参观时间，这次任课教师带领同学们参观了学校旁边的一家仓储型物流企业。一进入该企业，同学们立刻发现这与他们之前参观的快递企业从工作区安排到货物放置都截然不同，显然，仓储型物流企业的仓储空间更加宽广，货架放置也更加符合各类货物的要求。

在我们的身边究竟还有哪些物流企业？它们都有哪些特点？主要负责哪些物流工作？

任务目标

素质目标：

1. 培养学生分析问题和解决问题的能力
2. 培养学生理论联系实际的能力
3. 培养学生深厚的爱国情感和民族自豪感

知识目标：

1. 掌握物流企业的概念
2. 熟悉物流企业的分类及其经营范围
3. 了解物流企业的相关文化

能力目标：

1. 能阐述物流企业的内涵
2. 能辨别物流企业的不同类型
3. 能描述物流企业文化的作用

任务实施

一、知识准备

（一）物流企业的分类

1. 物流企业的概念

《物流术语》（GB/T 18354－2021）中，对物流企业进行了定义：“物流企业是指从事物流基本功能范围内的物流业务设计及系统运作，具有与自身业务相适应的信息管理系统，实行独立核算、独立承担民事责任的经济组织。”

2013 年 12 月 31 日，国家标准化管理委员会批准的《物流企业分类与评估指标》（GB/T 19680－2013）正式发布，该标准于 2014 年 7 月 1 日开始实施。本标准对物流企业做了新的定义，即“至少从事（含运输代理、货物快递）或仓储一种经营业务，并能够按照客户物流需求对运输、储存、装卸、包装、流通加工、配送等基本功能进行组织和管理，具有与自身业务相适应的信息管理系统，实行独立核算，独立承担民事责任的经济组织，非法人物流经济组织可比照应用。”

【课堂体验】我们身边常常遇到的申通快递、EMS、顺丰快递等快递公司是否属于物流企业呢？为什么？

____

____

____

2. 物流企业的分类

（1）根据业务类型分类。《物流企业分类与评估指标》（GB/T 19680－2013）推荐性国家标准中规定，物流企业按业务类型分为三种类型：运输型、仓储型和综合服务型，根据这三种物流企业不同的经营状况、资产、设备设施、管理及服务、人员素质、信息化水平等6个方面评估为5个等级（从5A至1A依次降低）。

①运输型物流企业。其中1A级要求年货运营业收入300万元人民币以上，营业时间1年以上，资产总额300万元人民币以上，资产负债率不高于70%，自有货运车辆30辆以上，质量管理通过ISO9001:2015质量管理体系认证，中高层管理人员30%以上具有大专以上学历或行业组织物流师认证，电子单证管理的人员占50%以上，物流经营业务信息部分实施网络化管理，货物追踪占比50%以上，建立人工查询系统等。运输型物流企业应同时符合下列要求：

a. 以从事货物运输服务为主，包括货物快递服务或运输代理服务，具备一定规模；

b. 可以提供门到门运输、门到站运输、站到门运输、站到站运输服务和其他物流服务；

c. 企业自有一定数量的运输设备；

d. 具备网络化信息服务功能，应用信息系统可对运输货物进行状态查询、监控。

②仓储型物流企业。其中1A级要求年货运营业收入200万元人民币以上，营业时间1年以上，资产总额200万元人民币以上，资产负债率不高于70%，自有仓储面积4 000平方米以上，质量管理通过ISO9001:2015质量管理体系认证，配送客户点50个以上，中高层管理人员30%以上具有大专以上学历或行业组织物流师认证，货物追踪占比50%以上，物流经营业务信息部分实施网络化管理，建立人工查询系统等。仓储型物流企业应同时符合下列要求：

a. 以从事仓储业务为主，为客户提供货物储存、保管、中转等仓储服务，具备一定规模；

b. 企业能为客户提供配送服务以及商品经销、流通加工等其他服务；

c. 企业自有一定规模的仓储设施、设备、自有或租用必要的货运车辆；

d. 具备网络化信息服务功能，应用信息系统可对货物进行状态查询、监控。

③综合服务型物流企业。其中1A级要求年货运营业收入300万元人民币以上，营业时间1年以上，资产总额200万元人民币以上，资产负债率不高于75%，自有仓储面积1 000平方米以上，质量管理通过ISO9001:2015质量管理体系认证，营业网点5个以上，中高层管理人员50%以上具有大专以上学历或行业组织物流师认证，货物追踪占比50%以上，电子单证管理占比60%以上，物流经营业务信息部分实施网络化管理，建立人工查询系统等。综合服务型物流企业应同时符合下列要求：

a. 从事多种物流服务业务，可以为客户提供运输、货运代理、仓储、配送等多种物流服务，具备一定规模；

b. 根据客户的需求，为客户制订整合物流资源的运作方案，为客户提供契约性的综合物流服务；

c. 按照业务要求，企业自有或租用必要的运输设备、仓储设施及设备；

d. 企业具有覆盖特定运输区域的货物集散与分拨网络体系；

e. 企业配置专门的机构和人员，建立完备的客户服务体系，能及时、有效地提供客户服务；

f. 具备网络化信息服务功能，应用信息系统可对物流服务全过程进行状态查询和监控。

【课堂体验】在我们的身边有哪些物流企业分别属于运输型服务企业、仓储型物流企业和综合服务型物流企业？

____

____

____

（2）按所有制和所有制实现形式分类。生产资料所有制和所有制实现形式，是既有联系又有区别的两个概念。所有制实现形式是指在一定的生产资料所有制的前提下，企业资本的组织形式。同一所有制在不同企业可以有多种实现形式，不同所有制在不同企业可以采取同一种实现形式。

现有企业按所有制共分为两类：一是公有制企业，不仅包括国有企业和集体所有制企业，还包括混合所有制企业中的国有与集体成分；二是非公有制企业，包括私营企业、混合所有制企业。

现有企业按所有制实现形式分为国有独资有限责任公司、股份有限公司、股份合作制企业、三资企业等。

【课堂体验】在我们的身边有哪些知名的物流企业分别属于公有制企业和非公有制企业？

____

____

____

（3）按在商品流通中所处地位和作用分类。

①批发物流企业。批发物流企业是从生产企业或其他批发企业购进商品，以大宗的、整批的交易，供应零售企业或其他批发企业用作转售或者供应生产企业用作进一步加工并销售的物流企业。它处于商品流通的起点或中间环节，是组织城乡、地区之间商品流通的枢纽。

目前，我国批发物流企业处在企业粗放型发展阶段，物流技术落后，流转既不协调又低效，配送实力不足、人才匮乏，必须通过改革，走现代化、系统化、国际化的发展道路。首先，要通过计算机应用和互联网，提高物流信息处理能力和物流管理能力，提高物流机械化水平，推进包装规格化、物流条码化、装运集装单元化和装备标准化，以实现物流的现代化；其次，要通过融合工业、交通、通信等力量，推进批发企业的细分化、专业化，形成开放、高效的物流网络系统；同时，要充分利用和开发现有的仓储、物流设施发展的信息，促进物流配送中心各环节的衔接配合与均衡协调，与零售、生产企业形成高效、合理的供应系统，以实现物流的系统化；要通过国际通用标准，规范物流和技术装备，实现统一的技术和管理标准，以实现物流的国际化。

批发物流企业按经营商品的类型，可以分为以下两大类：

a. 日用工业品批发物流企业。它包括石油、纺织品、针织品、五金、交电、化工、农业生产资料、百货、文化用品等专业批发物流企业。为了适应社会主义市场经济的发展需要，充分发挥中心城市组织经济的作用，必须以中心城市为依托，组织千千万万工业企业和批发企业通过买卖实现横向联系，促进中心城市辐射所及地区的经济发展。可采用代理商、配送中心、交易市场、物流中心等模式。

b. 农副产品批发物流企业。它是经营农副产品批发的物流企业，经营的重点是采购农副产品。

②零售物流企业。这是以商品直接供应居民用作生活消费或供应集团单位用作非生产消费和生产消费的商业性物流企业。它处于商品流通的终点，是处理直接消费的商业环节。零售物流企业与批发物流企业相比具有以下特点（见表1－3）。

表1－3　零售物流企业与批发物流企业的比较

企业类型	物流对象	物流数量	企业位置与结果
零售物流企业	居民或社会生产集团单位	零星	商品流通过程终点
批发物流企业	商业企业或生产企业	大批	商品流通过程起点或中间环节

【课堂体验】 在我们的身边有哪些物流企业分别属于零售物流企业和批发物流企业？

____

____

____

（4）按经营规模分类。按国家统计局的划分标准，现代物流企业按照经营规模可以分为大型、中型和小型三种类型，如表1－4所示。

表1－4　物流企业按照经营规模的分类

划分标准	年销售额		
企业类型	大型	中型	小型
批发物流企业	2.5亿元以上	0.20亿~2.5亿元	低于大型、中型标准
零售物流企业	1.2亿元以上	0.05亿~1.2亿元	低于大型、中型标准
对外贸易物流企业	8 000万美元（年进出口额）	2 800万~8 000万美元（年进出口额）	低于大型、中型标准
物资供销社物流企业	2.5亿元以上	0.20亿~2.5亿元	低于大型、中型标准

（5）按提供的服务项目分类。按提供的服务项目不同将物流企业分为以下三类：

①功能型物流企业。功能型物流企业是指以提供相对固定、单纯的功能性物流服务为主的经济组织，诸如目前市场上大量存在的运输企业、仓储配送企业、代理企业等，该类企业在物流市场上的比重最大。

②综合型物流企业。综合型物流企业是指能为客户提供一体化或一站式物流服务的经济组织。此类企业对所涉及的物流资源进行有效整合，为客户提供物流及供应链问题的解决方案。综合型物流企业往往与大型制造企业、零售企业、商贸企业建立合作伙伴关系，以契约的方式承接这些企业的物流外包业务，能够为客户提供量身定做的物流服务。此类企业近年来在物流市场上发展极为迅速，但目前所占比重还比较低。

③服务技术型物流企业。服务技术型物流企业是指提供管理咨询和信息服务等物流支持服务的企业。企业包括物流软件开发企业、物流信息技术服务企业、物流方案设计和咨询企业等。此类企业截然不同于前两类企业，它们主要是以提供信息和知识等服务为主，此类企业和功能型物流企业、综合型物流企业关系十分密切，彼此相互合作能够为社会提供高水平

的物流服务。

（二）企业文化

由众多员工组成的物流企业，需要统一思想、统一行动，并且充分发挥每个人的积极性和聪明才智，才能使企业变得更加强大。做到这一点，单靠行政命令、规章制度和组织纪律的强制性约束是不可行的，必须建设优秀的企业文化，才能为物流企业的高效运行提供强大的精神动力和智力支持。

我国物流文化

1. 物流企业文化的内容

物流企业文化的内涵是价值观，以这个内涵为中心构筑起来的物流企业文化还有其他方面的内容。完整地说，物流企业文化可分为以下三个层次的内容。

（1）企业的表层文化。它是物流企业文化中的最外层，也是企业深层文化的外显部分，指的是那些视之有形、闻之有声、触之有觉的文化形象。这些表层的物流企业文化能给人以第一印象，使之从中窥察或感觉到企业职工的精神风貌与职业道德状况，是物流企业文化的重要组成部分。物流企业的表层文化具体包括：物流企业为客户提供的产品或服务等物质成果。

（2）企业的中层文化。企业的制度文化是物流企业文化的中间层，指的是具有物流企业文化特色的各种规章制度、道德规范和职工行为准则的总和。这部分物流企业文化既不像表层文化那样直接外露，又不像深层文化那样隐含在职工的头脑之中，需要人们调查了解，并通过一定的直观形象来把握。这种介于表层和深层之间的物流企业文化，主要体现在企业的规章制度、组织结构、企业内部和外部的人际交往等方面。

（3）企业的深层文化。企业精神文化是物流企业文化的核心层，是物流企业文化的最高层结构，也是企业物质文化、企业制度文化的升华，是物流企业文化中比较稳定的部分。企业的深层文化指的是企业在生产经营过程中，受一定的社会文化背景和意识形态影响而长期形成的一种精神成果和文化观念。它与企业表层文化截然不同，企业深层文化不是人们凭感觉器官就能直接体察到的，它是渗透在企业职工心灵之中的意识形态，包括理想信念、道德规范、价值取向、经营思想等，即共同持有的价值观。这部分内容是物流企业文化的核心，是企业的灵魂。

2. 物流企业文化的功能

物流企业文化具有多种功能。具体来说，它具有导向功能、约束功能、凝聚功能、激励功能和辐射功能等。

（1）导向功能。物流企业文化反映了企业整体的共有价值观和共同利益，因此，对于企业的广大员工具有强烈的感召力。这种强有力的企业文化能够对企业整体和企业每个成员的价值取向和行为取向起到引导作用。

（2）约束功能（规范功能）。规范是约定俗成或明文规定的标准。作为一个组织，物流企业为了进行正常的生产经营，必须制定必要的规章制度来规范人们在生产经营中的行为，进行“硬”约束。企业文化的约束作用除了这一方面外，更强调以一种无形的精神、价值观和企业的优良传统等因素，形成文化上的约束力量，对职工行为起到约束作用，这是一种“软”约束。

（3）凝聚功能。物流企业文化通过成员的习惯、知觉、信念、动机、期望等微妙的文化心理来沟通企业内部人员的思想，使人们产生对企业目标、准则和观念的认同感，对企业产生归属感和自豪感，使物流企业人员乐于参与企业事务，发挥自己的聪明才智，为企业群体的发展作出贡献。

（4）激励功能。企业文化的核心是形成共有的价值观念。优秀的企业文化都是以人为中心的，形成一种人人受重视、人人受尊重的文化氛围，这样的文化氛围往往能形成一种激励机制，促进职工为实现自我价值和推动企业发展而不断进步。

（5）辐射功能。物流企业文化一旦形成较为固定的模式，它不仅会在企业内部发挥一定的作用，还会通过各种途径对社会产生深远的影响。企业文化的辐射作用主要是通过企业形象的塑造和传播来实现的。

3. 企业文化的作用

企业文化对物流企业的生存和发展具有非常重要的作用，对社会文化的建设也有很大的影响，这已经被越来越多的企业家认同。

（1）对物流企业生存和发展的推动作用。物流企业主要是为客户提供深入服务的企业，也就是说物流企业为客户提供的服务关系到客户的生存与发展。一个有优秀企业文化的物流企业是客户的首选。因而，物流企业一旦形成了具有自己企业特色的优秀企业文化，便会对物流企业的生存和发展产生巨大的影响。

（2）对社会文化的作用。物流企业文化从属于社会文化，是社会文化的一部分。因此，物流企业文化必然会作用于社会文化，成为社会文化发展的增长点。优秀的企业文化，尤其是价值观念，必然会推动社会的进步，促进社会物质文明和精神文明的发展，促使社会文化发生变革。

（3）提高企业的社会效益。物流企业文化建设有助于提高企业的社会效益，这是由企业文化的内容决定的。企业文化建设的基本内容主要包括企业哲学、企业精神、企业价值观、企业道德、企业目标、企业环境、企业制度等，这些内容的确立和建设，都不同程度地促进了企业社会效益的提高。

（4）企业文化建设有助于提高经济效益。企业文化不仅对提高社会效益有促进作用，而且有利于改善企业形象，有利于搞活企业，对企业经济效益也有促进作用。

（三）工作环境

第一层主要是指物流企业环境外在的部分：一个整洁、优美的工作环境是一个物流企业精神风格的直接体现，是物流企业的“衣装”，能激发员工“以厂为家”的自豪感及献身企业的责任感，在很大程度上影响着员工的工作情绪。

第二层主要是指物流企业环境内在的部分：物流企业组织的社会性体现在这个组织是否喜欢用各种方式吸引有上进心的人，办公室的设计是否给予职工一个好的工作环境，在这种文化中，成功在多大程度上取决于人际关系网，在这种文化中有多少愉悦的氛围，花在分析和思考的时间是否多于花在讨论与说服的时间，成功在多大程度上取决于职业培训和专业技能。

二、小组活动安排

（一）活动内容

德邦物流的企业文化，我们称其为“德邦长青法则”。它是德邦人所共享并遵循的使命、愿景、核心价值观等企业文化核心的总和。它明确了德邦员工的目标，规范并指导着他们的行为，最大限度地激发员工的聪明才智，共创德邦物流的长青基业！

企业使命——为中国提速

企业愿景——成为中国人首选的国内物流运营商

核心价值观：

成就客户——竭尽所能满足目标客户

卓越运作——没有好的运作，一切都是白费

创新发展——强者开拓创新，弱者故步自封

长远视角——30 年后成功才算成功

激情进取——绝不被市场淘汰

思政案例
九州通企业文化

企业精神：

发动机精神（四个“那样”）

德邦人要像发动机那样，认真敬业

德邦人要像发动机那样，充满激情

德邦人要像发动机那样，团结协作

德邦人要像发动机那样，令行禁止

企业作风：

四个“特别”：特别能吃苦，特别能团结，特别讲效率，特别会创新。

管理理念：

以人为本，人企双赢

适度竞争，宽严相济

经营理念：

以客为尊，助力成功

追求卓越，勇于争先

任务：

分析案例，你如何评价德邦物流的企业文化？

（二）成果展示

（1）各小组结合知识准备内容，对活动内容进行分析。

（2）每个小组的代表向同学们进行成果展示，要求语言通顺、表述清晰。

任务评价

1. 小组活动评价标准

组长负责每个组员的工作过程，制定量化评价标准，总分值为 30 分，各项评价标准如下：

（1）态度：积极参与课堂活动，态度端正。

（2）意识：互助合作，服从组长安排，各小组成员一起分担任务和责任。

（3）展示：能参与活动展示，语言清晰，举止大方得体。

（4）效果：完成活动任务，分析准确、全面。

表 1－5 所示为小组成员评价意见。

表 1－5　　小组成员评价表

小组名称：　　　　　　　　组长：

小组成员	态度（5分）	意识（10分）	展示（5分）	效果（10分）

2. 教师评价标准

教师负责评价每组的任务完成情况，制定量化评价标准，对工作结果进行评价。总分值最高为 70 分。教师对小组进行评价的标准见表 1－6。

表 1－6　　小组评价指标

序号	评价指标	分值（分）
1	能在规定时间内小组合作完成工作任务并顺利展示，操作流程规范，岗位职责明确	60～70
2	能在规定时间内小组合作完成工作任务，能进行展示，但在操作流程规范、岗位分工等方面存在小问题	50～59
3	获得教师或其他组的帮助后能完成工作任务并进行展示	0～49

3. 教师点评

教师进行点评时，开展小组自评、组间互评，教师汇总各小组评价进行总结点评，每个学生最后得分为所在小组分值加上成员评价分值。

应用训练

向学生介绍部分知名的物流企业网站，让学生利用课余时间查看网站上的相关知识点，加强自身对物流的认识。

拓展提升

物流企业评估指标

1. 运输型物流企业

运输型物流企业评估指标见 GB/T 19680－2013，如表 1－7 所示。

表 1－7　　运输型物流企业评估指标

评估指标		级别				
		AAAAA 级	AAAA 级	AAA 级	AA 级	A 级
经营状况	1. 年仓储营业收入/年（元）*	15 亿以上	3 亿以上	6 000 万以上	1 000 万以上	300 万以上
	2. 营业时间*	3 年以上	2 年以上		1 年以上	
资产	3. 资产总额/年(元)*	10 亿以上	2 亿以上	4 000 万以上	800 万以上	300 万以上
	4. 资产负债率*	不高于 70%				

续表

评估指标		级别				
		AAAAA 级	AAAA 级	AAA 级	AA 级	A 级
设备设施	5. 自有货运车辆（辆）* ［或总载重量（t）］	1 500 以上 （7 500 以上）	400 以上 （2 000 以上）	150 以上 （750 以上）	80 以上 （400 以上）	30 以上 （150 以上）
	6. 运营网点（个）	50 以上	30 以上	15 以上	10 以上	5 以上
管理及服务	7. 管理制度	有健全的经营、财务、统计、安全、技术等机构和相应的管理制度				
	8. 质量管理*	通过 ISO 9001:2015 质量管理体系认证				
	9. 业务辐射面*	国际范围	全国范围	跨省区	省内范围	
	10. 顾客投诉率（或顾客满意度）	≤0.05% （≥98%）	≤0.1% （≥95%）		≤0.5% （≥90%）	
人员素质	11. 中高层管理人员*	80%以上具有大专以上学历或行业组织物流师认证	60%以上具有大专以上学历或行业组织物流师认证		30%以上具有大专以上学历或行业组织物流师认证	
	12. 业务人员	60%以上具有中等以上学历或专业资格	50%以上具有中等以上学历或专业资格		30%以上具有中等以上学历或专业资格	
信息化水平	13. 网络系统*	货运经营业务信息全部网络化管理			物流经营业务信息部分网络化管理	
	14. 电子单证管理	90%以上	70%以上		50%以上	
	15. 货物跟踪*	90%以上	70%以上		50%以上	
	16. 客户查询*	建立自动查询和人工查询系统			建立人工查询系统	

注：1. 标注 * 的指标为企业达到评估等级的必备指标项目，其他为参考指标项目。

2. 货运营业收入包括货物运输收入、运输代理收入、货物快递收入。

3. 运营网点是指在经营覆盖范围内，由本企业自行设立、可以承接并完成企业基本业务的分支机构。

4. 顾客投诉率是指在年度周期内客户对不满意业务的投诉总量与企业业务总量的比率。

5. 顾客满意度是指在年度周期内企业对顾客满意情况调查统计的结果。

2. 仓储型物流企业

仓储型物流企业评估指标见 GB/T 19680－2013，如表 1－8 所示。

表 1－8　仓储型物流企业评估指标

评估指标		级别				
		AAAAA 级	AAAA 级	AAA 级	AA 级	A 级
经营状况	1. 年仓储营业收入/年（元）*	6 亿以上	1.2 亿以上	2 500 万以上	500 万以上	200 万以上
	2. 营业时间*	3 年以上	2 年以上		1 年以上	
资产	3. 资产总额（元）*	10 亿以上	2 亿以上	4 000 万以上	1 万以上	4 000 以上
	4. 资产负债率*	不高于 70%				

续表

评估指标		级别				
		AAAAA 级	AAAA 级	AAA 级	AA 级	A 级
设备设施	5. 自有仓储面积（m^2）*	20 万以上	8 万以上	3 万以上	50 以上	30 以上
	6. 自有/租用货运车辆（辆）	500 以上	200 以上	100 以上	50 以上	30 以上
	7. 配送客户点（个）	400 以上	300 以上	200 以上	100 以上	50 以上
管理及服务	8. 管理制度	有健全的经营、财务、统计、安全、技术等机构和相应的管理制度				
	9. 质量管理*	通过 ISO 9001:2015 质量管理体系认证				
	10. 顾客投诉率（或顾客满意度）	≤0.05%（≥98%）	≤0.1%（≥95%）		≤0.5%（≥90%）	
人员素质	11. 中高层管理人员*	80% 以上具有大专以上学历或行业组织物流师认证	60% 以上具有大专以上学历或行业组织物流师认证		30% 以上具有大专以上学历或行业组织物流师认证	
	12. 业务人员	60% 以上具有中等以上学历或专业资格	50% 以上具有中等以上学历或专业资格		30% 以上具有中等以上学历或专业资格	
信息化水平	13. 网络系统*	仓储经营业务信息全部网络化管理			物流经营业务信息部分网络化管理	
	14. 电子单证管理*	90% 以上	70% 以上		50% 以上	
	15. 货物跟踪	90% 以上	70% 以上		50% 以上	
	16. 客户查询*	建立自动查询和人工查询系统			建立人工查询系统	

注：1. 标注 * 的指标为企业达到评估等级的必备指标项目，其他为参考指标项目。
2. 仓储营业收入是指企业完成货物仓储业务、配送业务所取得的收入。
3. 顾客投诉率是指在年度周期内客户对不满意业务的投诉总量与企业业务总量的比率。
4. 顾客满意度是指在年度周期内企业对顾客满意情况调查统计的结果。
5. 配送客户点是指企业当前的、提供一定时期内配送服务的、具有一定业务规模的、客户所属的固定网点。
6. 租用货运车辆是指企业通过契约合同等方式可进行调配、利用的货运专用车辆。

3. 综合服务型物流企业

综合服务型物流企业评估指标见 GB/T 19680－2013，如表 1－9 所示。

表 1－9　综合服务型物流企业评估指标

评估指标		级别				
		AAAAA 级	AAAA 级	AAA 级	AA 级	A 级
经营状况	1. 年综合物流营业收入/年（元）*	15 亿以上	2 亿以上	4 000 万以上	800 万以上	300 万以上
	2. 营业时间*	3 年以上	2 年以上		1 年以上	
资产	3. 资产总额/年（元）*	5 亿以上	1 亿以上	2 000 万以上	600 万以上	200 万以上
	4. 资产负债率*	不高于 75%				
设备设施	5. 自有/租用仓储面积（m^2）*	10 万以上	3 万以上	1 万以上	3 000 以上	1 000 以上
	6. 自有/租用货运车辆（辆）	1 500 以上	500 以上	300 以上	200 以上	100 以上
	7. 运营网点（个）*	500 以上	100 以上	30 以上	10 以上	5 以上

续表

评估指标		级别				
		AAAAA 级	AAAA 级	AAA 级	AA 级	A 级
管理及服务	8. 管理制度	有健全的经营、财务、统计、安全、技术等机构和相应的管理制度				
	9. 质量管理*	通过 ISO 9001:2015 质量管理体系认证				
	10. 业务辐射面*	国际范围	全国范围	跨省区	省内范围	
	11. 物流服务方案与实施*	提供物流规划、资源整合、方案设计、业务流程重组、供应链优化、物流信息化等方面服务			提供整合物流资源、方案设计等方面的咨询服务	
	12. 顾客投诉率（或顾客满意度）	≤0.05% （≥98%）	≤0.1% （≥95%）		≤0.5% （≥90%）	
人员素质	13. 中高层管理人员*	80%以上具有大专以上学历或行业组织物流师认证	70%以上具有大专以上学历或行业组织物流师认证		50%以上具有大专以上学历或行业组织物流师认证	
	14. 业务人员	60%以上具有中等以上学历或专业资格	50%以上具有中等以上学历或专业资格		40%以上具有中等以上学历或专业资格	
信息化水平	15. 网络系统*	物流经营业务信息全部网络化管理			物流经营业务信息部分网络化管理	
	16. 电子单证管理*	100%	80%以上		60%以上	
	17. 货物跟踪*	90%以上	70%以上		50%以上	
	18. 客户查询*	建立自动查询和人工查询系统			建立人工查询系统	

注：1. 标注 * 的指标为企业达到评估等级的必备指标项目，其他为参考指标项目。

2. 综合物流营业收入是指企业通过物流业务活动所取得的收入，包括运输、储存、装卸、搬运、包装、流通加工、配送等业务所取得的收入总额。

3. 运营网点是指在经营覆盖范围内，由本企业自行设立、可以承接并完成企业基本业务的分支机构。

4. 顾客投诉率是指在年度周期内客户对不满意业务的投诉总量与企业业务总量的比率。

5. 顾客满意度是指在年度周期内企业对顾客满意情况调查统计的结果。

6. 租用货运车辆是指企业通过契约合同等方式可进行调配、利用的货运专用车辆。

7. 租用仓储面积是指企业通过契约合同等方式可进行调配、利用的仓储总面积。

任务三
了解物流活动

蒙牛深挖物流管理
以细节保障品质

任务描述

通过了解物流和物流企业，显然同学们已经对物流有了一个较为全面的、初步的认识。这一次老师带大家来到学校的物流实训室，向大家展示了几项物流的基本活动，并告诉大家物流活动是由物资包装、装卸、运输、储存、流通加工、配送、物流信息等项工作构成。

大家以小组为单位，从网络和书籍上搜集有关物流活动的资料，并展开讨论。

任务目标

素质目标：

1. 培养学生分析问题和解决问题的能力
2. 培养学生严谨认真、精益求精的工匠精神
3. 培养学生节约资源的环保意识

知识目标：

1. 掌握物流活动的含义
2. 熟悉物流活动的七项构成要素

能力目标：

1. 能陈述物流活动的含义
2. 能辨别物流活动的构成要素
3. 能尝试描述物流活动构成要素的作用及合理化

任务实施

一、知识准备

（一）物流活动的含义

物流活动是指物流功能的实施与管理的过程。物流活动由物资包装、装卸、运输、储存、流通加工、配送、物流信息等工作构成。上述构成也常被称为“物流活动的基本职能”。

【课堂体验】物流活动由哪些工作组成？

____

____

____

（二）物流活动的构成要素

1. 运输

（1）运输的含义。《物流术语》（GB/T 18354－2021）中，对运输进行了定义：“利用载运工具、设施设备及人力等运力资源，使货物在较大空间上产生位置移动的活动。”它是在不同地域范围间，以改变“物”的空间位置为目的的活动，是对“物”进行空间位移的活动。

（2）运输合理化的影响因素。由于运输是物流中最重要的功能要素之一，物流合理化在很大程度上依赖于运输合理化。

运输合理化的影响因素很多，其中起决定性作用的五方面因素，被称为合理运输的“五要素”：

①运输距离。在运输时，运输时间、运输货损、运费、车辆或船舶周转等运输的若干技术经济指标，都与运距有一定比例关系，运距长短是判断运输是否合理的一个最基本因素。缩短运输距离从宏观、微观看都会带来好处。

②运输环节。每增加一次运输，不但会增加起运的运费和总运费，而且还会增加运输的附属活动，如装卸、包装等，各项技术经济指标也会因此下降。所以，减少运输环节，尤其是同类运输工具的环节，对合理运输有促进作用。

③运输工具。各种运输工具都有其适用的优势领域，对运输工具进行优化选择，按运输工具特点进行装卸运输作业，最大限度地发挥所用运输工具的作用，是运输合理化的重要一环。

④运输时间。运输是物流过程中需要花费较多时间的环节，尤其是远程运输，在全部物流时间中，运输时间占绝大部分，所以，运输时间的缩短对整个流通时间的缩短有决定性的作用。此外，运输时间短，有利于运输线路通过能力的提高，对运输合理化有很大贡献。

⑤运输费用。运费在全部物流费用中占有很大比例。运费高低在很大程度上决定整个物流系统的竞争能力。实际上，运输费用的降低，无论对货主企业还是对提供物流服务的物流企业来讲，都是运输合理化的一个重要目标。运费的判断，也是各种合理化措施是否行之有效的最终判断依据之一。

【课堂体验】影响运输合理化的因素有哪些？

____

____

____

2. 仓储

（1）仓储的含义。仓储是指利用仓库及相关设施设备进行物品的入库、存贮、出库的作业。仓储的形成是由于社会生产与消费节奏的不统一，当商品出现剩余或因商品流通的需要，当商品不能被即时消耗掉时，需要专门的场所存放，就产生了静态的仓储。而将物品存入仓库以及对存放在仓库里的物品进行保管、控制、提供使用等的管理，便形成了动态仓储。可以说仓储是对有形货物提供存放场所、货物存取以及对存放物品的保管、控制、包装、分拣、整理的过程。仓储的性质可以归结为：仓储是物质产品的生产持续过程，物质产品的仓储也创造着产品的价值；仓储既有静态的物品储存，也包含动态的物品储存、保管、控制、包装、分拣、整理的过程；仓储的对象既可以是生产资料，也可以是生活资料，即必须是可以运输的实物。

（2）仓储的作用。货物的仓储是由货物生产和消费之间的客观矛盾所决定的。货物从生产领域向消费领域转移过程中，一般都要经过货物的仓储阶段，这主要是由于货物生产和消费在空间、时间及品种、数量等方面存在的矛盾引起的。仓储的重要作用也正是在这些矛盾中体现出来的。

①保障社会再生产顺利进行。现代社会生产的一个重要特征就是生产的专门化、专业化和规模化。为了有效地实施社会生产，需要通过仓储的手段进行储存，这样才能避免生产过程被堵塞，保证生产过程能够继续进行。另一方面，生产所使用的原材料需要合理地储备，才能保证及时供应，满足生产的需要。

仓储本身是由生产率的提高造成的，但同时仓储的发展又促进了生产率的提高。良好的仓储条件是确保生产规模的进一步扩大，促进专业分工的进一步细化，使劳动生产率进一步提高的基础。因此，仓储保障了社会再生产的顺利进行。

②调整生产和消费的时间差别与地域差别，维持市场稳定。人们的生活需求具有持续

性、批量性的特征。集中生产与供给之间存在的供需时差矛盾，只有通过仓储这一“蓄水池”的调节，才能将集中生产的产品通过储存，持续地、均衡地投向市场，不间断地满足消费者的需求，维持市场稳定。

③衔接流通过程。商品从生产到消费，需要经过分散、集中、再分散的过程，还可能需要经过不同运输工具的转换运输。为了有效地利用各种运输工具，降低运输过程中的作业难度，减少物流成本，其间物品需要通过仓储进行候装、配载、包装、成组、分拣、疏散等工作。为了满足销售的需要，商品在仓储中应进行整合、分类、拆除包装、重新包装、配送等处理方式。

在市场经济的今天，仓储在现货交易中，往往还具有商品陈列的功能，供购买批量产品的客户查看货物。

④保存劳动产品价值。生产的商品在消费前必须保持其使用价值，否则将会被废弃。而这项保值的任务只能靠仓储来承担，在仓储过程中需对产品进行保护、管理，防止其损坏而丧失产品价值。

⑤反映商品的市场信息。任何产品的生产都必须满足社会的需要，生产者应关注市场需求的动向。而市场商品信息收集的渠道之一，就是观察社会仓储变化。仓储量减少，周转量增大，表明社会需求强烈；反之，则表明厂家生产的产品供大于求，其原因可能是产品需求减少或者该产品竞争力降低，或者生产规模不符合市场需求。从仓储环节所获得的信息虽然比销售环节所得到的信息滞后，但更为集中和准确，信息反馈快捷、信息成本极低。因此，现代企业对仓储环节反馈的信息极为重视，往往将仓储量的变化作为决定生产的依据。所以，当今物流企业客户服务的一项重要工作就是帮助客户收集商品仓储信息，为生产企业、销售企业提供有效的仓储数据及分析报告。

⑥减少物流成本的重要途径。众所周知，在物流成本构成的各环节中，仓储成本是物流成本的最重要的组成部分之一。这是因为物品在物流过程中相当一部分时间处在仓储之中，在仓储中进行运输整合、配送准备、流通加工，也在仓储中根据市场调整供给等。因此，在现代物流管理中，减少成本的重要途径之一，就是重视仓储管理，减少仓储成本从而达到降低总成本的目的。

⑦提供信用保证。进行大宗实物交易时，购买方必须检验货物的存在和货物的品质后，方可成交。购买方可以到仓库查验货物。由仓库保管人员签发的货物仓单既可以作为实物交易的凭证，也可作为向购买方提供的保证。同时，仓库保管人员签发的仓单本身还可以作为一种融资工具，即可以使用仓单进行质押。

⑧陈列商品。存货客户要转让已在仓库存放的商品时，购买方可以到仓库查对商品，取样化验，此时的仓储功能体现了陈列商品的功能。双方可以在仓库进行转让交割。目前，国内众多的批发交易市场，就是既有商品存储功能的交易市场，又有商品交易功能的仓储。众多具有便利交易条件的仓储都提供了交易活动服务，甚至部分形成了有影响的交易市场。近几年大量发展的仓储式商店，就是仓储交易功能高度发展，集仓储、陈列展示与交易为一体的综合体。

【课堂体验】 仓储给人们的生产和生活带来哪些影响？

____

____

____

3. 包装

（1）包装的定义。包装是指在流通过程中保护产品、方便储运、促进销售，按一定技术方法采用的容器、材料及辅助物等的总体名称。也指为了达到上述目的而采用容器、材料和辅助物的过程中施加一定技术方法等的操作活动。

思政案例
可重复使用的
物流包装

具体来讲，包装包括两层含义，即包装物与包装操作。

（2）包装的作用。物流过程中包装主要有以下作用：

①保护作用。包装的保护作用是指包装能对物流活动中的货物起保护作用。货物在流通过程中，要经过多次的装卸、存取、运输，包装可有效避免该过程中各种外力的冲击、碰撞、摩擦所造成的破损，避免各种有害物质的侵蚀。

②便利作用。包装的便利作用是指包装使货物形状便于实施运输、装卸搬运和保管等各环节的物流作业。例如，将液态产品用桶封装，小件异形产品装入规则箱体，零售小件商品集装成箱。产品包装容器上标有鲜明的标记，用以指导产品的装卸和运输，便于商品的识别、清点和验收入库，有利于减少货损和货差，减少各流通环节的作业时间，加快商品流转，降低流通费用。

③促销作用。包装的促销作用是指由美观的货物包装起到广告宣传的效果，进而引起顾客的购买欲望，起到商品促销的作用。良好的包装可以增强商品的美感，引起消费者注意，诱导消费者的购买欲望和购买动机，从而产生购买行为，在很大程度上决定了消费者的购买决策，因而增强了产品的竞争力，起到促进销售的作用。

④成组化作用。成组化作用是指通过包装将货物整理成适合搬运、运输的单元，如适合使用托盘、集装箱、货架或载重汽车、货运列车等运载的单元。

⑤信息管理作用。信息管理作用是指通过包装良好的货物在物流系统的收货、储存、取货、配运等各个过程中，利用印有时间、品种、货号、编组等信息的条码标签贴在货物的包装上供电子仪器识别，使生产厂家、批发商和仓储企业迅速准确地采集、处理和交换有关信息。信息管理加大了对货物的控制力度，减少了货物在流通过程中的货损货差，提高了物流信息管理的能力和生产效率。

（3）包装的分类。根据包装在流通中的作用，将其分为运输包装和销售包装两大类。

①运输包装。运输包装又称为工业包装或外包装，是指从物流需要出发，以运输、保管为主要目的的包装。因此，运输包装的重要特点是在满足货物物流要求的基础上使包装费用越低越好。

②销售包装。销售包装又称为商品包装，是指以促进商品销售为主要目的的包装。销售包装的特点是外形美观，有合适的装潢。包装设计要适于顾客的购买量及商品陈列的要求。

【课堂体验】哪种包装对消费者的吸引力更大？

4. 装卸搬运

（1）装卸搬运的概念。装卸是指物品在指定地点以人力或机械装入或卸下运输工具的作业。搬运是指在同一场所内，对物品进行水平移动为主的物流作业。因此，装卸搬运是指在某一物流节点内以改变货物的存放状态和空间位置为主要内容和目的的物流活动。在实际操作中，搬运与装卸是密不可分的，两者是伴随在一起发生的。装卸搬运活动伴随着物流的始终，成为提高物流效率、降低物流成本、改善物流条件、保证物流质量的最重要的物流环节之一。

（2）装卸搬运在物流中的功能与地位。在物流过程中，装卸活动是不断出现和反复进行的，它出现的频率高于其他各项物流活动，每次装卸活动所花费的时间也较长。美国产业界人士明确指出，当前美国全部生产过程中只有5%的时间用于加工制造，95%的时间则用于装卸、储存等物流活动。根据运输部门考察，在运输的全过程中（包括运输前后装卸搬运），装卸搬运所占的时间为全部运输时间的50%。所以，装卸搬运速度往往是决定物流速度的关键。装卸活动所消耗的人力也很多，据调查，我国机械工厂生产1吨产品，需要进行252吨次的装卸搬运，所以装卸费用在物流成本中的比重也较高。在我国，铁路运输的始发和到达装卸作业费用约占运费的20%。可以说，有效降低装卸费用是降低物流费用的一个重要方面。

另外，由于在物流活动中装卸搬运作业时常需要接触货物，因而装卸搬运是造成货物破损、散失、损耗、混杂等损失的主要环节。同时，装卸搬运作业时人与机械、货物、其他劳动工具相结合，工作量大、情况变化多、作业环境相对复杂，导致人员安全隐患增加。因此，装卸搬运作业与其他物流环节相比安全系数较低，作业时应时刻重视安全生产问题。

总之，装卸活动是影响物流效率、决定物流技术经济效果及安全生产的重要环节。

（3）装卸搬运的特点。装卸搬运是附属性、伴生性的活动。装卸搬运具有“伴生”（伴随产生）和“起讫”性的特点。它不是为了装卸而装卸，因此与其他环节相比，它具有“伴生”性的特点。又如运输、储存、包装等环节，一般都以装卸搬运为起始点和终结点，因此它又有“起讫”性的特点。装卸搬运是支持性、保障性活动。装卸搬运的附属性不能被理解成被动的，实际上，装卸搬运对物流活动具有提供“保障”和“服务”性的特点。装卸搬运保障了物流服务生产中其他环节活动的顺利进行，具有保障性质，并对其他物流活动有一定的影响。装卸搬运会影响其他物流活动的质量和速度。例如，装车不当会引起运输过程中的损失，如果卸放不当，会影响下一步操作。许多物流活动在有效的装卸搬运支持下才能实现高水平。装卸搬运过程不消耗原材料，不排放废弃物，不大量占用流动资金，不产生有形产品，因此具有提供劳务的性质。

装卸搬运是衔接性的活动。物流活动中，各环节之间的衔接是靠装卸搬运来实现的，装卸搬运往往成为整个物流的“瓶颈”，具有“闸门”和“咽喉”的作用。装卸搬运制约着物流其他环节的业务活动，这个环节处理不好，整个物流系统将处于瘫痪状态，因而它是物流各功能之间能否有机联系和紧密衔接的关键，而这也是一个物流系统的关键。建立一个有效的物流系统，关键看这一衔接是否有效。较为先进的系统物流方式——联合运输方式，就是为着力解决这种衔接问题而实现的。

（4）装卸搬运的合理化原则。

①提高机械化水平的原则。对于劳动强度大，工作条件差，搬运、装卸频繁的，动作复杂的环节，应尽可能采用有效的机械化作业方式。如采用叉车、吊车等装卸机械，采用自动化仓库等。

②减少无效作业的原则。当按一定的操作过程完成货物的装卸搬运时，要完成许多作业，作业会产生费用。因此，应尽可能取消、合并装卸搬运作业的环节和次数，消灭重复无效、可有可无的装卸搬运作业，避免无效作业，降低作业成本。例如，车辆不经换装直接过境，门到门的集装箱联运等，都可以大幅度减少装卸环节和次数。

③集装单元化的原则。各种成件货物应尽可能集装成集装箱、托盘、网袋等货物单元，以提高装卸搬运效率。目前发展较快的集装单元就是一种标准化的大单元装载货物的容器。

④提高机动性的原则。移动货物时的机动性大小，反映出物流合理化程度。评价物流机动性能可以采用0~4的“机动指数”方法，如表1-10所示的物流机动性能与指数关系。各企业在装卸搬运作业时，应尽可能使货物处于机动指数高的状态。

表1-10　物流机动性能与指数关系

货物的支撑状态	机动指数	货物移动的机动性
直接置地	0	移动时需逐个用人力搬到运输工具中
置于容器	1	可用人工一次搬运，一般不便于机械的使用
置于托盘	2	可以方便地使用机械搬运
置于车内	3	不需要借助于其他机械便可搬运
置于传送机	4	货物已处于移动状态

⑤利用重力和减少附加重量的原则。在货物搬运、装卸和堆存时，应尽可能利用货物自重，以节省能量和投资，如利用地形差进行装货，尽量消除阻力的影响，采用重力式货架堆货等。

在保证货物搬运、装卸和堆存安全的前提下，应尽可能减少附加工具的自重和货物的包装物重量。

⑥各环节均衡、协调的原则。装卸搬运作业是各作业线环节的有机组成部分，只有各环节作业相互协调，才能使整条作业线产生预期的效果。只有使装卸搬运各环节的生产效率协调一致，能力相互适应，才能提高装卸搬运系统作业的综合效率。

【课堂体验】 装卸搬运合理化的原则是什么？

____

____

____

5. 流通加工

（1）流通加工的定义。流通加工是指物品在从生产地到使用地的过程中，根据需要施加包装、分割、计量、分拣、刷标志、拴标签、组装等简单作业的总称。流通加工是在货物从生产领域向消费领域流动的过程中，为促进销售、提高产品质量和物流效率，对物品进行加工，使物品发生物理、化学或形状变化的过程。

流通加工和一般的生产型加工在加工方法、加工组织、生产管理方面并无显著区别，但在加工对象、加工程度方面差别较大，其差别主要体现在以下几点：

①流通加工的对象是进入流通过程的商品，具有商品的属性。流通加工的对象是商品，而生产加工的对象不是最终产品，而是原材料、零配件、半成品。

②流通加工在程度上多属于简单加工，而不是复杂加工。一般来讲，如果必须进行复杂

加工才能形成人们所需的商品，那么，这种复杂加工应专设生产加工过程，生产过程理应完成大部分加工活动，流通加工对生产加工而言则是一种辅助及补充。特别需要指出的是，流通加工绝不是对生产加工的取消或替代。

③从价值观点看，生产加工的目的在于创造价值及使用价值，而流通加工则在于完善其使用价值，并在不做大改变的情况下提高价值。

④流通加工的组织者是从事流通工作的人，能密切结合流通的需要进行这种加工活动，从加工单位来看，流通加工由商业或物资流通企业完成，而生产加工则由生产企业完成。

⑤商品生产是为了交换和消费而产生的，流通加工是为了消费（或再生产）所进行的加工，这一点与商品生产有共同之处。但是流通加工有时候是以自身流通为目的，纯粹是为流通创造条件，这种为流通所进行的加工与直接为消费进行的加工从目的来讲是有区别的，这又是流通加工不同于一般生产加工的特殊之处。

（2）流通加工的类型。流通加工的种类很多，常见的有：

①为弥补生产领域加工不足而进行的深加工。有许多产品在生产领域的加工只能到一定程度，这是由于存在许多限制因素限制了生产领域不能完全实现终极的加工。例如，钢铁厂的大规模生产只能按标准规定的规格生产，以使产品有较强的通用性，使生产能有较高的效率和效益；木材如果在产地完成，成材加工或制成木制品的话，就会造成运输的极大困难，所以原生产领域只能加工到诸如圆木这个程度，进一步的下料、裁切、处理等加工则由流通加工完成。

这种流通加工实际上是生产的延续，是生产加工的深化，对弥补生产领域加工不足有重要意义。

②为满足需求多样化而进行的服务性加工。从需求角度看，需求存在着多样化和变化两个特点，为满足这种要求，经常是用户自己设置加工环节。例如，生产消费型用户的再生产往往从原材料初级处理开始。

就用户来讲，现代生产的要求，是生产型用户能尽量减少流程，尽量集中力量从事较复杂的技术性较强的劳动，而不愿意将大量初级加工包揽下来。这种初级加工带有服务性，由流通加工来完成，生产型用户便可以缩短自己的生产流程，使生产技术密集程度提高。

对一般消费者而言，则可省去烦琐的预处理工作，而集中精力从事较高级、能直接满足需求的劳动。

③为保护产品所进行的加工。在物流过程中，直到用户投入使用前都存在对产品的保护问题，防止产品在运输、储存、装卸、搬运、包装等过程中遭到损失，使使用价值能顺利实现。和前两种加工不同，这种加工并不改变进入流通领域的“物”的外形及性质。这种加工主要采取稳固、改装、冷冻、保鲜、涂油等方式。

④为提高物流效率，方便物流的加工。有一些产品本身的形态使之难以进行物流操作。如鲜鱼的装卸、储存操作困难；大型设备的搬运、装卸困难；气体物质的运输、装卸困难等。进行流通加工，可以使物流各环节易于操作，如鲜鱼冷冻、大型设备解体、气体液化等。这种加工往往改变“物”的物理状态，但并不改变其化学特性，并最终仍能恢复原物理状态。

⑤为促进销售的流通加工。流通加工可以从若干方面起到促进销售的作用。如将过大包装或散装物（这是提高物流效率所要求的）分装成适合一次销售的小包装的分装加工；将原以保护产品为主的运输包装改换成以促进销售为主的装潢性包装，以起到吸引消费者、指

导消费者的作用；将零部件组装成用具、车辆以便直接销售；将蔬菜、肉类洗净、切块以满足消费者要求等。这种流通加工可能是不改变“物”的本体，只进行简单改装的加工，也有许多是组装、分块等深加工。

⑥为提高加工效率而进行的流通加工。许多生产企业的初级加工由于数量有限、加工效率不高，也难以投入先进的科学技术。流通加工以集中加工形式，解决了单个企业加工效率不高的问题。以一家流通加工企业代替若干生产企业的初级加工工序，促进生产水平提高。

⑦为提高原材料利用率而进行的流通加工。流通加工利用其综合性强、用户多的特点，可以实行合理规划、合理套裁、集中下料的办法，这就能有效提高原材料利用率，减少浪费。

⑧衔接不同运输方式，使物流合理化的流通加工。在干线运输及支线运输的节点，设置流通加工环节，可以有效解决大批量、低成本、长距离干线运输，也可解决多品种、少批量、多批次末端运输和集货运输之间的衔接问题。

⑨以提高经济效益，追求企业利润为目的的流通加工。流通加工的一系列优点，可以形成一种“利润中心”的经营形态，这种类型的流通加工是经营的一环，在满足生产和消费要求的基础上取得利润，同时在市场和利润的引导下使流通加工在各个领域中能良性发展。

⑩生产—流通一体化的流通加工形式。依靠生产企业与流通企业的联合，或者生产企业涉足流通企业，或者流通企业涉足生产企业；对生产与流通进行合理分工、合理规划、合理组织、统筹安排，这就是生产—流通一体化的流通加工形式。这种形式可以促成产品结构及产业结构的调整，充分发挥企业集团的经济技术优势，是目前流通加工领域的新形式。

【课堂体验】 *在我们的身边是否存在装卸搬运所带来的便利？*

6. 配送

（1）配送的含义。配送是指根据用户需求，对物品进行拣选、加工、包装、分割、组配等作业，并按时将物品送达指定地点的物流活动。从定义中可以知道，配送是物流中一种特殊的、综合的活动形式，它包含了物流中若干功能要素。一般的配送集装卸、包装、保管、运输于一身，通过这一系列活动完成将货物送达的目的。特殊的配送则还要以加工活动为支撑。但是，配送的主体活动与一般物流不同，一般物流是运输及保管，而配送则是运输、分拣与配货。分拣、配货是配送的独特要求，也是配送中有特点的活动，以送货为目的的运输则是最后实现配送的主要手段，从这一主要手段出发，有些学者常常将配送简单化地看成运输的一种方式。

思政案例
新型配送模式——即时配送

（2）不合理配送的表现形式。配送的决策优劣很难有一个绝对的标准。例如，企业效益是配送的重要衡量标志，但是，在决策时常常考虑各个因素，有时要做赔本买卖。所以，配送决策是全面的、综合的决策。不合理配送的表现形式有：

①资源筹措不合理。配送是通过筹措资源的规模效应来降低资源筹措成本，使配送资源筹措成本低于用户自己筹措资源成本，从而取得优势。

②库存决策不合理。配送应充分利用集中库存总量低于各用户分散库存总量，从而大大

节约社会财富，同时降低用户实际平均分摊的库存负担。配送企业库存决策不合理还表现在储存量不足，不能保证随机需求，失去了应有的市场。

③价格的不合理。如果配送价格普遍高于用户自己的进货价格，损害了用户利益，就是一种不合理的表现。价格制定过低，使配送企业处于无利或亏损状态下运行，会损害销售者，也是不合理的。

④配送与直达的决策不合理。一般的配送增加了环节，但是这个环节的增加，可降低用户平均库存水平，以此不但抵消了增加环节的支出，而且能取得剩余效益。但是如果用户使用批量大，可以直接通过社会物流系统均衡批量进货，较之通过配送中转送货则可能更节约费用。所以，在这种情况下，不直接进货而通过配送，就属于不合理范畴。

⑤送货中不合理运输。配送与用户自提相比较，尤其对于多个小用户来讲，可以集中配装，一车送几家，这与一家一户自提相比，可大大节省运力和运费。如果不能利用这一优势，仍然是一户一送，而车辆达不到满载（即时配送过多、过频时会出现这种情况），则属于不合理。

⑥经营观念不合理。在配送实施中，有许多是经营观念的不合理，使配送优势无从发挥，相反却损害了配送的形象。例如，配送企业利用配送手段，向用户转嫁资金，造成库存困难。因而在库存过大时，强迫用户接货，以缓解自己的库存压力；在资金紧张时，长期占用用户资金；而在资源宽松时，将用户委托的资金挪作他用以获利等。

【课堂体验】 在我们的身边还有哪些不合理的配送方式？

____

____

____

（3）配送合理化的判断标志。对于配送合理化与否的判断，是配送决策系统的重要内容，目前国内外尚无一定的技术经济指标体系和判断方法，按一般认识，以下若干标志是应当被纳入配送合理化判断标志的。

①库存标志。库存是判断配送合理与否的重要标志。具体指标有库存总量及库存周转率。

②资金标志。总的来讲，实行配送应有利于资金占用降低及资金运用的科学化。具体指标有资金总量、资金周转率及资金投向的改变。

③成本和效益。总效益、宏观效益、微观效益、资源筹措成本都是判断配送合理化的重要标志。

④供应保证标志。实行配送，各用户的最大担心是害怕供应保证程度降低，这是个心态问题，也是承担风险的实际问题。具体指标有缺货次数、配送企业集中库存量、即时配送的能力及速度。

⑤社会运力节约标志。末端运输是目前运能、运力使用不合理，浪费较大的领域，因而人们寄希望于配送来解决这个问题。这也成了配送合理化的重要标志。

⑥用户企业仓库、供应、进货人力物力节约标志。配送的核心理念是通过集中配送服务承接用户的仓储与库存管理需求。因此，实行配送后，各用户库存量、仓库面积、仓库管理人员减少了才为合理；用于订货、接货、搞供应的人减少了才为合理，这样才能真正解除用户的后顾之忧，才能达到配送的合理化程度。

⑦物流合理化标志。配送必须有利于物流合理化。这可以从是否降低了物流费用、是否

减少了物流损失、是否加快了物流速度、是否发挥了各种物流方式的最优效果、是否有效衔接了干线运输和末端运输、是否不增加实际的物流中转次数及是否采用了先进的技术手段等方面进行评价。

7. 物流信息处理

（1）物流信息处理的含义。物流信息是指能直接反映物流各种活动内容的知识、资料、图像、数据、文件的总称。而现代物流与传统物流相比，最大区别在于现代物流利用信息处理技术具有信息处理功能。物流信息处理包括信息的收集、处理、存储、传输与运用。

（2）物流信息的含义与内容。物流信息内容可以分为狭义物流信息与广义物流信息。狭义物流信息是指与物流活动（运输、存储、装卸搬运、包装、流通加工等）有关的信息。广义物流信息是指与物流活动及物品流通活动（订货信息、交易信息、市场信息）等有关信息。

物流活动中许多具体的工作，如运输工具的选择、运输路线的确定、运输批量的确定、在途货物跟踪、仓库的有效使用、最佳库存量的确定、订单管理及客户服务水平改进与提高等，都离不开详细、准确的物流活动信息的支撑。因此，在现代物流活动的管理与决策中，如果没有有效的物流活动信息，企业是不能生存与发展的。

广义的物流不仅能起到连接整合从生产企业，经过批发商和零售商，最后到消费者的整个供应链的作用，而且在应用现代先进信息技术的基础上能实现整个供应链活动的效率化，也就是说利用物流信息可以使整个供应链上的各个企业都提高效率，满足他们对控制生产、协调客户服务而进行的有效管理的要求。

（3）物流信息处理的原则。

①及时性原则。物流信息处理的及时性是指物流活动发生后，在物流系统中的传递快捷程度。物流信息处理的及时性带来管理控制的有效性。在物流企业还有时间采取正确措施前，或使损失减少到最低限度之时提供信息，可以使决策准确性的概率大大提高，从而让企业实现有效的管理控制。

②精确性。物流信息处理的精确性是指物流信息系统的报告与实际状况相符合的程度。信息精确度越高，管理决策的风险与不确定性就越少。

③灵活性。物流信息处理的灵活性是指物流信息系统向客户提供其所需定制信息的能力。即要求物流信息系统适应性要广，切换要快捷，满足不同客户提出的不同的数据处理要求。

④广泛性。物流信息处理的广泛性是指物流信息所涉及的领域、客户及货物范围与数量的广泛性。物流服务提供商可以通过电子商务方式，为千里之外的客户提供服务。如中国香港某企业为其客户从韩国购买所需原料，到内地进行粗加工，再运到泰国做成产品，最后运到海湾国家进行销售……

总之，物流信息系统是集高科技与先进客户服务理念之大成，从众多的销售终端广泛、及时、准确、灵活地收集与处理信息，为客户提供供需信息，实现货通天下的目标。同时，物流企业也通过物流信息处理给自己带来无限的发展空间。

【课堂体验】 物流信息处理的原则有哪些？

____

____

____

二、小组活动安排

（一）活动内容

一箱好丽友薯片自生产地发货到消费地，需要经过哪些环节呢？

好丽友薯片的生产厂家位于河北廊坊，薯片自工厂生产线下线之后，进入廊坊邮政速递物流分公司的成品仓库储存。根据好丽友区域经销商的订单，廊坊邮政速递物流分公司按订单要求将好丽友薯片从成品仓库拣货出库，经过长途干线运输将整箱好丽友薯片运送到区域经销商仓库。区域经销商再根据接到的各配送中心的订单，委托第三方物流公司将好丽友薯片配送到本区域内的各个配送中心仓库。配送中心仓库再根据门店订单，将好丽友薯片配送到各家门店。

以上过程包括仓储、运输、装卸搬运、流通加工、包装、配送及信息处理等活动，这些活动需要统筹规划、紧密衔接才能确保物流过程的高效运转和商品的准时送达。

任务：

（1）请绘制活动中货物到达消费者手中的物流流程图。

（2）请分析薯片破碎严重可能出现的问题环节。

（二）成果展示

（1）各小组结合知识准备内容，对活动内容进行分析。

（2）每个小组的代表向同学们进行成果展示，要求语言通顺、表述清晰。

任务评价

1. 小组活动评价标准

组长负责每个组员的工作过程，制定量化评价标准，总分值为30分，各项评价标准如下：

（1）态度：积极参与课堂活动，态度端正。

（2）意识：互助合作，服从组长安排，各小组成员一起分担任务和责任。

（3）展示：能参与活动展示，语言清晰，举止大方得体。

（4）效果：完成活动任务，分析准确、全面。

表1－11所示为小组成员评价意见。

表1－11　　小组成员评价表

小组名称：　　　　　　组长：

小组成员	态度（5分）	意识（10分）	展示（5分）	效果（10分）

2. 教师评价标准

教师负责评价每组的任务完成情况，制定量化评价标准，对工作结果进行评价。总分值最高70分。教师对小组进行评价的标准见表1－12。

表 1-12 小组评价指标

序号	评价指标	分值（分）
1	能在规定时间内小组合作完成工作任务并顺利展示，操作流程规范，岗位职责明确	60~70
2	能在规定时间内小组合作完成工作任务，能进行展示，但在操作流程规范、岗位分工等方面存在小问题	50~59
3	获得教师或其他组的帮助后能完成工作任务并进行展示	0~49

3. 教师点评

教师进行点评时，开展小组自评、组间互评，教师汇总各小组评价进行总结点评，每个学生最后得分为所在小组分值加上成员评价分值。

应用训练

学生在身边的超市和物流公司寻找不同的包装类型，并进行拍照记录。采集结束后开展图片展示活动，增加学生对于物流包装等活动的感性认识。

拓展提升

物流活动小知识

1. 物流活动风险防范

正是因为在物流活动中的法律适用具有综合性、复杂性，以及较强的国际性和技术性，外贸和法律人士认为，只有认真做到以下几点，才可以有效帮助公司避免遭受第三方物流中的诉讼风险。

(1) 只要涉及外方收货并付费，都要对收货方的经营和信用情况有详细的了解，切不可想当然，而且事前与收货方要有相关的违约补偿或赔偿方式约定。

(2) 签订一份有保障的订单或合同。在签订订单或其他相关合同时，应该向曾有处理物流纠纷经验的律师咨询，以确保所签订的合同具有法律保障。否则的话，尽管合同内容全面、详细，但当纠纷发生时仍有可能无法有效地保护自己的正当权益。

(3) 事先准备好诉讼文书。有条件的公司应该就物流链上所有环节可能出现的各种纠纷事项准备好相应的诉讼文书。这样的话，当与物流商出现不可调和的矛盾时就能及时向法院提交诉状，从而及时解决问题，确保物流链早日恢复正常。

(4) 物流经营者必须依法经营。市场经济就是法治经济，物流经营活动也必须遵照一定的规则来进行，所以物流公司要了解物流活动法律适用的特殊性，负有及时向托运方说明相关权利义务的责任，从而正确处理物流活动中的各种法律关系。

总之，妥善处理各种国际物流活动争议和纠纷，对维护企业合法权益和促进现代物流业与传统制造业的有机结合都具有重要的现实意义。而做好防范是重中之重。

2. 物流活动的特殊性

物流活动涵盖了物品从原材料形态经过生产环节的半成品、产品形态，最后通过流通环节到达消费者手中的全过程。同时，还包括物品的回收和废弃物的处理过程，涉及运输、储存、装卸、搬运、包装、流通加工、配送、信息处理等诸多环节。因此，调整物流的法律规范也应涉及运输、仓储、包装、配送、搬运、流通加工和信息管理等各个方面，在法律规范的表现形式上有法律、法规、规章和国际条约、国际惯例以及各种技术规范和技术法规等不同的层次。物流活动本身具有较强的技术性，而且物流活动日益国际化。

与一般的经营活动相比，物流活动中的法律适用具有综合性和多样性、广泛性和复杂性、较强的国际性和技术性等特点。了解物流活动法律适用的特殊性，对于物流经营者依法经营，正确处理物流活动中的各种法律关系，妥善处理各种物流活动争议和纠纷，维护自身合法权益具有重要的现实意义。

3. 物流活动的由来

追溯人类社会历史，物流活动几乎遍布社会生产、生活的各个领域。运输是人类最早的物流活动之一，人类有记载的交通运输活动已经有大约 6 000 年的历史。

在社会生产领域，历史学家弗雷德里克·莱恩在《文艺复兴时期的船舶和造船业者》一书中对 15 世纪威尼斯船舶生产物流活动有着比较详细的介绍。威尼斯兵工厂有三项任务，即制造军舰、储存装备、整修船只。兵工厂仓库中经常备有 5 000 块座板、100 个舵、100 根桅杆、200 根圆材、5 000 ~ 10 000 根船桨等。兵工厂一旦接到任务指令，就组织工人在仓库中寻找所需木料，木料起初是没有次序地储存，导致工人寻找木料的成本竟是木料本身价值的 3 倍。后来将船桨进行分类，按照次序存放，大大提高了工厂的作业效率。1436 年一位参观过兵工厂的西班牙旅行者对此做出如下描述：人们走进大门就会看到一条运河，运河的两边都是从兵工厂的房子开出的窗口，当船只由一只小船拖着经过这些窗口时，从一个窗口传出索具，另一个窗口传出武器，再由一个窗口传出弩炮。这样，从各窗口中传出所需的各种东西，当船只到达运河的另一端时，所有的水手连同船桨都已在船上了，整个船只已经装备完毕。这个例子中将储存和装配结合起来的做法，体现了物流管理的系统思想。

任务四
知晓数字物流术语

任务描述

中职生刘进开始了物流专业课程学习，课堂上，他发现一个很有趣的事情，许多物流名词往往与数字有关。对于刚接触物流的刘进来说，掌握第一方物流、第二方物流、第三方物流、第四方物流等名词的界定与区分非常不容易，于是刘进找到班主任程老师，请教与数字有关的物流名词。

程老师热情地接待了刘进同学，并给他讲了一个包子铺成长为生鲜速冻食品公司的故事。刘进听完故事后，对数字物流有了初步的认识，程老师告诉刘进，想学好物流课程，不仅要掌握各项物流技术的操作技能，对物流的基本术语还要精通，因为物流术语能帮助你理解技能学习中的关键点，从而事半功倍。

任务目标

素质目标：

1. 培养学生分析问题和解决问题的能力
2. 培养学生严谨认真、精益求精的工匠精神
3. 培养学生理论联系实际的能力

知识目标：

1. 了解第一方物流、第二方物流的内涵
2. 掌握第三方物流、第四方物流的内涵
3. 熟悉第三方物流与第四方物流的区别

能力目标：

1. 能描述第一方物流、第二方物流、第三方物流、第四方物流定义
2. 能区分第一方物流、第二方物流、第三方物流、第四方物流差异
3. 能初步分析不同数字物流的优缺点

任务实施

一、知识准备

（一）第一方物流

第一方物流是指卖方、生产者或者供应方组织的物流活动。这些组织的主要业务是生产和供应商品，但为了其自身生产和销售的需要而进行物流网络及设备的投资、经营与管理。供应方或者厂商一般都需要投资配备一些仓库、运输车辆等物流基础设施。卖方为了保证生产正常进行而建设的物流设施是生产物流设施，为了产品的销售而在销售网络中配备的物流设施是销售物流设施。总的来说，由制造商或生产企业自己完成的物流活动称为第一方物流。

【课堂体验】 包子店（铺）服务员接到小区电话订餐后的送餐服务属于第一方物流吗？为什么？

____

____

____

（二）第二方物流

第二方物流是指买方、销售者或流通企业组织的物流活动。这些组织的核心业务是采购并销售商品，为了销售业务需要而投资建设物流网络、物流设施和设备，并进行具体的物流业务运作组织和管理。严格地说，从事第二方物流的公司属于分销商。第二方物流是企业自己的物流体制，它是介于企业完全自主的物流模式和完全外包的物流模式之间的一种物流模式。

【课堂体验】 包子店订货员去面粉厂家提货并运回店的物流活动与在网上订货由面粉厂送货上门的物流活动有何区别？

____

____

____

（三）第三方物流

1. 第三方物流的定义

《物流术语》（GB/T 18354－2021）中，对第三方物流进行了定义：“由独立于物流服务供需双方之外且以物流服务为主营业务的组织提供物流服务的模式。”实际上所谓第三方物流是指生产经营企业为集中精力搞好主业，把原来属于自己处理的物流活动，以合同方式委托给专业物流服务企业，同时通过信息系统与物流企业保持密切联系，以达到对物流全程管理和控制的一种物流运作与管理方式。因此第三方物流又称为合同制物流。

第三方物流既不属于第一方，也不属于第二方，而是通过与第一方或第二方的合作来提供其专业化的物流服务，它不拥有商品，不参与商品的买卖，而是为客户提供以合同为约束、以结盟为基础的，系列化、个性化、信息化的物流代理服务。最常见的3PL服务包括设计物流系统、报表管理、货物集运、选择承运人、货代人、海关代理、信息管理、仓储、咨询、运费支付、运费谈判等。

2. 第三方物流的特征

（1）关系契约化。首先，第三方物流是通过契约形式来规范物流经营者与物流消费者之间关系的。物流经营者根据契约规定的要求，提供多功能直至全方位一体化物流服务，并以契约来管理所有提供的物流服务活动及其过程。其次，第三方物流发展——物流联盟，也是通过契约的形式来明确各物流联盟参加者之间权责利相互关系的。

（2）服务个性化。首先，不同的物流消费者存在不同的物流服务要求，第三方物流需要根据不同物流消费者在企业形象、业务流程、产品特征、顾客需求特征、竞争需要等方面的不同要求，提供针对性强的个性化物流服务和增值服务。其次，从事第三方物流的物流经营者也因为市场竞争、物流资源、物流能力的影响需要形成核心业务，不断强化所提供物流服务的个性化和特色化，以增强物流市场的竞争能力。

（3）功能专业化。第三方物流所提供的是专业的物流服务。从物流设计、物流操作过程、物流技术工具、物流设施到物流管理必须体现专门化和专业水平，这既是物流消费者的需要，也是第三方物流自身发展的基本要求。

（4）管理系统化。第三方物流应具有系统的物流功能，这是第三方物流产生和发展的基本要求，第三方物流需要建立现代管理系统才能满足其运行和发展的基本要求。

（5）信息网络化。信息技术是第三方物流发展的基础。物流服务过程中，信息技术的发展实现了信息的实时共享，促进了物流管理的科学化，极大地提高了物流效率和物流效益。

【课堂体验】李聪同学毕业后开设了一家网店进行创业，其采购商品及销售商品均是通过顺丰快递帮助其完成采购与销售过程中的物流活动，快递公司的服务是第三方物流吗？为什么？

____

____

____

（四）第四方物流

1. 第四方物流的内涵

第四方物流是1998年美国埃森哲咨询公司率先提出的，是专门为第一方、第二方和第三方提供物流规划、咨询、物流信息系统、供应链管理等活动的物流模式。第四方物流并不实际承担具体的物流运作活动。

第四方物流是一个供应链的集成商，是供需双方及第三方物流的领导力量。它不是直接通过物流来获取利润的，而是通过拥有的信息技术、整合能力以及其他资源提供一套完整的供应链解决方案，以此获取一定的利润。它能帮助企业降低成本和有效地整合资源，并且依靠优秀的第三方物流供应商、技术供应商、管理咨询以及其他增值服务商，为客户提供独特的和广泛的供应链解决方案。

小链接

供 应 链

供应链是指产品生产和流通过程中所涉及的原材料供应商、生产商、分销商、零售商以及最终消费者等成员通过与上游、下游成员的连接组成的网络结构。即由物料获取、物料加工，并将成品送到用户手中这一过程所涉及的企业和企业部门组成的一个网络。

2. 第四方物流的基本特征

（1）第四方物流有能力提供一整套完善的供应链解决方案，是集成管理咨询和第三方物流服务的集成商。

（2）第四方物流是通过对供应链产生影响的能力来增加价值，在向客户提供持续更新和优化的技术方案的同时，满足客户的特殊需求。

（3）成为第四方物流企业需具备一定的条件，如能够制定供应链策略、设计业务流程再造、具备技术集成和人力资源管理的能力；在集成供应链技术和外包能力方面处于领先地位，并具有较雄厚的专业人才基础；能够管理多个不同的供应商并具有良好的管理和组织能力等。

3. 第三方物流与第四方物流的区别

第三方物流（以下简称 3PL）是由物流劳务的供方、需方之外的第三方去完成物流服务的物流运作模式。“3PL 供应商”为客户提供所有的或一部分供应链物流服务，以获取一定的利润。公司提供的服务范围很广，它可以简单到只是帮助客户安排一批货物的运输，也可以复杂到设计、实施和运作一个公司的整个分销和物流系统。第四方物流（以下简称 4PL）是以 3PL 为基础的，4PL 是供应链的集成者，整合了整个供应链的物流资源和技术，能够使企业更有效率地快速反映供应链的整体需求，最大限度地满足顾客的需求，从而提高客户满意度，提高供应链的竞争力。4PL 的理念必须依靠 3PL 的实际运作来实现并得到验证；3PL 又迫切希望得到 4PL 在优化供应链流程与方案方面的指导。要发展 4PL 就必须大力发展 3PL 企业，为 4PL 的发展做铺垫，提高物流产业水平。因此，只有二者结合起来，才能提供完善的物流运作和服务。3PL 与 4PL 联合成为一体以后，将 3PL 与 4PL 的外部协调转化为内部协调，使两个相对独立的业务环节能够更和谐、更一致地运作，物流运作效率会得到明显的改善，进而增大物流成本降低的幅度，扩大物流服务供应商的获利空间。

4PL 和 3PL 的显著区别在于：4PL 偏重于通过对整个供应链的优化和集成来降低企业的运行成本，而 3PL 则是偏重于通过对物流运作和物流资产的外部化来降低企业的投资和成本。4PL 具有很多的优势：能给客户提供最接近要求的、完美的服务；能提供一个综合性的供应链解决方案；能利用第四方的信息资源、管理资源和资本规模为企业打造一个低成本的信息应用平台；能为企业提供低成本的信息技术。3PL 主要是为企业提供实质性的、具体的物流运作服务。而主要的不足是本身的技术水平不高，能为客户提供的技术增值服务比较少。4PL 刚好相反，4PL 的专长是物流供应链技术，它具有丰富的物流管理经验和供应链管理技术、信息技术等。它的不足在于自身不能提供实质性的物流运输和仓储服务。

【课堂体验】 运输型、仓储型物流企业及快递公司属于第四方物流企业吗？

____

____

____

____

____

小资料

第五方物流

第五方物流是指由物流信息服务商提供的物流信息服务，包括提供更大的地理区域、更多的行业，更多的与企业供应链相关的物流信息的搜集、设计、整理、分析、开发、集成和推广等。物流信息服务提供商的主要业务是提供信息处理设施设备、技术手段和管理方法等，物流信息可能只是其提供信息的一部分，它并不从事任何具体的物流活动，严格地讲它属于电子商务或信息中介企业。

二、小组活动安排

（一）活动内容

“大众包餐”是一家提供全方位包餐服务的公司，服务分成两类：递送盒饭和套餐服务。盒饭主要由荤菜、素菜、卤菜、大众汤和普通水果组成。尽管菜单的变化不大，但这项服务的总体需求水平相当稳定。由于设施设备的缘故，“大众包餐”会要求顾客们在上午 10 点前电话预订，以便确保当天递送到位。

在套餐服务方面，该公司的核心能力是为企事业单位提供冷餐会、大型聚会，以及一般家庭的家宴和喜庆宴会上的用餐服务。客户所需的各种菜肴和服务可以事先预约，但由于这项服务的季节性很强，又与各种社会节日和法定假日相关，因而需求量忽高忽低，有旺季和淡季之分，因此要求顾客提前几周甚至 1 个月前来预订。

大众包餐公司设施设备的限制以及食品变质的风险制约着公司的发展规模。虽然饮料和水果可以外购，有些店家愿意送货上门，但总体上限制了公司提供柔性化服务。

包餐行业的竞争是十分激烈的，高质量的食品、可靠的递送、灵活的服务以及低成本的运营等都是这一行业求生存、谋发展的根本。近年来，大众包餐公司已经开始感觉到来自越来越挑剔的顾客和新来的专业包餐商的竞争压力。顾客们越来越需要菜单的多样化、服务的柔性化，以及响应的及时性。

任务：

（1）试分析大众包餐公司存在哪些问题。

（2）大众包餐公司的经营活动可否引入第三方物流服务，并请说明理由。

（二）成果展示

（1）各小组结合知识准备内容，对活动内容进行分析。

（2）每个小组的代表向同学们进行成果展示，要求语言通顺、表述清晰。

任务评价

1. 小组活动评价标准

组长负责每个组员的工作过程，制定量化评价标准，总分值为30分，各项评价标准如下：

（1）态度：积极参与课堂活动，态度端正。

（2）意识：互助合作，服从组长安排，各小组成员一起分担任务和责任。

（3）展示：能参与活动展示，语言清晰，举止大方得体。

（4）效果：完成活动任务，分析准确、全面。

表1－13所示为小组成员评价意见。

表1－13　小组成员评价表

小组名称：　　　　组长：

小组成员	态度（5分）	意识（10分）	展示（5分）	效果（10分）

2. 教师评价标准

教师负责评价每组的任务完成情况，制定量化评价标准，对工作结果进行评价。总分值最高70分。教师对小组进行评价的标准见表1－14。

表1－14　小组评价指标

序号	评价指标	分值（分）
1	能在规定时间内小组合作完成工作任务并顺利展示，操作流程规范，岗位职责明确	60～70
2	能在规定时间内小组合作完成工作任务，能进行展示，但在操作流程规范，岗位分工等方面存在小问题	50～59
3	获得教师或其他组的帮助后能完成工作任务并进行展示	0～49

3. 教师点评

教师进行点评时，开展小组自评、组间互评，教师汇总各小组评价进行总结点评，每个学生最后得分为所在小组分值加上成员评价分值。

应用训练

（1）安排学生上网查找有关数字物流的小知识、小案例，利用课余时间进行交流。

（2）展示部分知名物流企业的相关案例，让学生能多方面地了解物流行业。

拓展提升

冷链配送，让汉堡吃出生鲜味

麦当劳汉堡中夹着肉和新鲜、干净的生菜，汉堡中的生菜让吃的人感到爽口。

众所周知，一般蔬菜只能保质两三天，为何人们却能随时吃到麦当劳的美味汉堡呢？田间地头的蔬菜如何经过清洗后通过物流来到麦当劳的厨房中，成为美味汉堡的一部分？

1. 优质原料，品质保证的前提

供应华南地区麦当劳的蔬菜，大部分种植基地在云南昆明。在选择种植地块时，需要对灌溉水中的微生物、土壤中的农药残留等进行严格检测，合格后才能使用。同时，严格规范农药和有机肥料的使用，并在采收前后和原料贮存与运输环节进行控制，构筑了原料的可追溯体系。

2. 冷链物流，品质保证的关键

从云南运输到广州再加工制作需要好几天，为了确保蔬菜质量和新鲜度，运输环节全程必须保持低温，蔬菜配送企业中的生产与包装全过程也都处在低温冷藏条件下。蔬菜中的菜心要经过低温拣选后，再经过整整十道工序才能装车出厂。

日常生活中，清洗后的青菜就可以下锅或者凉拌了，而麦当劳的蔬菜还要经历更复杂的“行程”——甩干以及分拣包装。

整个流水线生产过程中，都有检测人员不定期地抽检相关项目。分拣包装好的生菜经过真空封口，还要再次经过金属探测等检测过程，才能装箱发货。广州配送企业每天生产的生菜大约 30 吨，供制作约 100 万个汉堡。

3. 严格制度，品质保证的核心

从供应商出来的蔬菜，经过分发中心的冷链配送，来到麦当劳餐厅，需要一直储存在1℃ ~4℃的低温环境中。餐厅设有专门的冷藏柜保证这样的储藏环境。而一旦蔬菜放置到常温的调理台上，如果 2 小时内不使用，就必须被丢弃。

不同类型的汉堡所需要的新鲜蔬菜就是这样被产出的。

【想一想】

（1）本案例中的蔬菜食品供应链是怎样的？

（2）本案例中冷链配送企业属于第几方物流？

任务五
描述流通企业物流

任务描述

中职生刘进在课堂活动中，通过模拟卤菜店采购原材料的物流课堂活动，对数字物流理解得更充分了。但随着对课堂活动的再思考，发现前店后厂的卤菜店从小到大过程中从原材料采购、加工、销售到门店包箱回收的每一个环节无不与物流活动紧密相连，那么这种存在于流通企业中伴随流通企业生产而产生的物流是否可以称为流通物流呢?

带着这个问题,刘进走进了班主任的办公室,老师热情地接待了他,并就他提出的问题给予了详细的解答。

任务目标

素质目标:

1. 培养学生分析问题和解决问题的能力
2. 培养学生适应行业变化和继续学习的基本素质
3. 培养学生绿色消费的环保意识

知识目标:

1. 掌握流通企业物流的类型
2. 熟悉流通企业物流业务模式
3. 了解流通企业采购物流、销售物流及逆向物流

能力目标:

1. 能描述流通企业物流的类型
2. 能辨别流通企业的物流业务模式
3. 能初步分析流通企业物流的三种形式

任务实施

一、知识准备

(一) 流通企业物流

流通企业的物流可分为采购物流、流通企业内部物流和销售物流三种形式。采购物流是指流通企业组织货源,将物资从生产厂家集中到流通部门的物流活动。流通企业内部物流,包括流通企业内部的储存、保管、装卸、运送、加工等各项物流活动。销售物流是流通企业将物资转移到消费者手中的物流活动。

1. 流通企业物流的类别

根据我国流通企业的类型,流通企业的物流可分为以下几种:

(1) 批发企业的物流。批发企业的物流是指以批发据点为核心,由批发经营活动所派生的物流活动。这一物流活动对于批发的投入是组织大量物流活动的运行,产出是组织总量相同物流对象的运出。在批发点中的转换是包装形态及包装批量的转换。

(2) 零售企业的物流。零售企业物流是以零售商店据点为核心,以实现零售销售为主体的物流活动。零售企业的类型有:一般多品种零售企业、连锁型零售企业、直销企业等。

(3) 仓储企业的物流。仓储企业是以储存业务为主要营利手段的企业。仓储企业的物流是以接运、入库、保管保养、发运或运输为流动过程的物流活动,其中储存保管是其主要的物流功能。

(4) 配送中心的物流。配送中心是集储存、流通加工、分货、拣选、运输等为一体的综合性物流过程。

小资料

未来“批发商将归于消失”

因地域和结构原因，中国市场诞生了复杂的分销体系，有的分销多达7级，这成为影响市场效率的一大弊端。而供应链管理通过分销链条的整合，或将改写这一格局，大大降低制造商分销渠道的成本。

深度分销平台的建立，实际上也使很多青睐中国市场的国外品牌不再因庞杂昂贵的分销平台而望而却步，这将降低国外品牌进入新市场的难度。据怡亚通公司介绍，目前其已与宝洁、联合利华、达能、多美滋、强生、雀巢等数十家主要涉及饮品、母婴、日化等行业的世界500强企业达成合作，预计这些行业未来销售潜能可达4万亿元。

以怡亚通公司为代表的供应链管理深度渗入分销环节，其意义就在于通过信息、物流、资金的整合，将流通环节最大限度地拉短、拉平，可以预见未来只存在厂商、终端商及作为第三方管理的供应链公司。

综合开发研究院物流与供应链研究所所长王国文曾表示：“随着现代化信息技术和管理方式的发展，厂商与终端信息将完全对称，批发商将归于消失。”这意味着未来中国复杂的分销格局将彻底被改写。

资料来源：谭玲娟．深圳供应链管理或改写中国分销格局．《深圳商报》，2013年10月14日。

2. 流通企业的物流业务模式

物流业务模式概括起来就是自主发展与合作的发展模式，这两者若分合有度的话，企业是可以达到风险小、收效快的效果的。

（1）流通业务和物流结合。内部的物流需求是客观存在的，流通企业的业务资源和物流资源须共同发展，企业才能做大做强。

（2）区域性的配送。流通企业特别是仓储资源较丰富的企业，通过提高服务水平和增强风险意识，从单纯的仓储或储运业务提升到具备物流意义的配送，从本地做起，逐步实现省际大规模的服务，为企业节约物流成本。

（3）跨区域的物流。对于拥有仓储或运输网络资源的流通企业，拥有遍布全国的分支机构，更适合跨地区的物流。这样能有效整合资源，发挥系统及集团优势。

（4）重新融入特大型企业集团。物资供销企业应当积极参与集团的资源整合（包括电子商务），建立并发展内部物流模式，首先成为面向集团的物资供应、产品销售、仓储运输企业，逐步成为现代物流企业。

（5）并入主要用户的物流体系。国内的大型制造企业正在利用自身和社会资源建立开放的物流系统，如果某些流通企业已为这类企业提供了物流服务，那么在平等互利的条件下，并入用户的物流体系中，进而取得长期发展的空间。

（6）物流代理。物流代理是在统一的营销策略和市场体系下，代理方利用被代理方的业务及物流资源发展业务，扩大市场和用户资源。

（7）特许经营。对于那些资源较贫乏、没有任何品牌的流通企业可以选择这种方式，通过与著名物流企业合作，以被特许者的身份利用特许者的商标、品牌、技术和业务模式等资源，在特许者的经营指导下，发展物流业务。

【课堂体验】请大家思考，当小小的卤菜店发展成区域连锁的卤菜店品牌时，为其配送加工的物流企业是自营好还是选择第三方物流企业好呢？为什么？

(二) 采购物流

1. 采购物流的含义

采购物流是指包括原材料等一切生产物资的采购、进货、运输、仓储、库存管理、用料管理和供应管理等过程，也称为原材料采购物流。我们可以把它理解为商品从卖方转移到买方场所而进行的所有活动。

采购物流是企业生产经营活动的一个重要组成部分，它占用了企业大部分的流动资金，形成了企业主要的流动资产，对企业有着重要影响。所以，对企业的采购物流，必须进行系统的、有效的控制才能帮助企业实现其生产经营利润最大化的目标。

2. 采购物流的模式

企业的采购物流有三种组织方式：第一种是委托社会销售企业代理采购物流方式；第二种是委托第三方物流企业代理采购物流方式；第三种是企业自供物流方式。

(1) 委托社会销售企业代理采购物流方式。企业作为用户，在买方市场条件下，利用买方的主导权利，向销售方提出对本企业进行供应服务的要求，作为向销售方进行采购订货的前提条件。

运用这样的条件，企业往往能够通过某种程度的“定制”服务，获得相应价廉物美的产品。实际上，销售方也不是不谋利的商人，销售企业在实现了自己生产和经营的产品销售的同时，也实现了对用户的供应服务，以此来占领市场。这种供应服务是销售方企业发展的战略手段，也是多数企业采用的战略方法。

这种方式的主要优点是企业可以充分利用市场经济造就的买方市场优势，对销售方即物流的执行方进行选择和提出要求，有利于实现企业理想的采购物流设计。

这种方式存在的主要问题，是销售方的物流水平可能有所欠缺，因为销售方毕竟不是专业的物流企业，有时候很难满足企业采购物流高水平化、现代化的要求。例如，企业打算建立自己的广域供应链，这就超出了销售方的能力而难以实现。

(2) 委托第三方物流企业代理采购物流方式。第二种方式是在企业完成了采购程序之后，由销售方和本企业之外的第三方去从事物流活动。当然，第三方从事的物流活动，应当是专业性的，而且有非常好的服务水平。这个第三方所从事的采购物流，主要向买方提供服务，同时也向销售方提供服务，在客观上协助销售方扩大了市场。

小资料

买方市场

买方市场是指供给大于需求、商品价格有下降趋势，买方在交易中处于有利地位的市场趋势。

在买方市场上，商品供给过剩，卖方之间相互竞争，价格呈下降趋势，买方在交易上处于主动地位，有任意选择商品的主动权。买方市场意味着商品交换中买卖双方之间的平等关系，由于商品的供大于求而被打破。

由第三方去从事企业采购物流的最大好处是，能够承接这一项业务的物流企业，必定是专业物流企业，有高水平、低成本、优质服务，从事专业物流的条件、组织和传统。不同的专业物流公司，服务的物流对象不同，因此有自己特有的形成核心竞争力所需的机器装备、设施和人才，这就使企业有广泛选择的余地，从而进行采购物流的优化。

在网络经济时代，很多企业要构筑广域的或者全球的供应链，这就要求物流企业具有更强的能力和更高的水平，从这个意义来讲，需要依靠专门从事物流活动的第三方来做这一项工作。

（3）企业自供物流方式。这种由企业自己组织采购物品的物流活动在卖方市场的市场环境下，是企业经常采用的采购物流方式。

本企业在组织供应的某些种类的物品方面，可能有一些诸如设备、装备、设施和人才方面的优势，这样，由本企业组织自己的采购物流也未尝不可，在新经济时代这种方式也不能完全否定。关键还在于对技术经济效果的综合评价。但是，在网络经济时代，如果不考虑本企业的核心竞争能力，不致力于发展这个竞争能力，而仍然抱着“肥水不流外人田”的旧观念，虽然可能取得一些眼前利益，但是这必将以损害企业利益为代价，是不可取的。

小资料

卖方市场

卖方市场是指供给小于需求、商品价格有上涨趋势，卖方在交易中处于有利地位的市场。

在卖方市场上，商品供给量少，由于供不应求而不能满足市场的需求，即使商品质次价高也能被销售出去，商品价格呈上涨趋势。这时，买方对商品没有选择的主动权，卖方只关心产品数量，很少考虑市场需求。卖方在交易中处于主导地位。

【课堂体验】 想一想在我们的身边有哪些物流企业属于企业自供物流方式。

____

____

____

（三）生产物流

1. 生产物流

企业的生产物流活动是指在生产工艺中的物流活动。这种物流活动是与整个生产工艺过程伴生的，实际上已经构成了生产工艺过程的一部分。过去人们在研究生产活动时，主要关注一个又一个的生产加工过程，而忽视了将每一个生产加工过程串在一起的，并且又和每一个生产加工过程同时出现的物流活动。

生产物流一般是指原材料、燃料、外购件投入生产后，经过下料、发料，运送到各加工点和存储点，以在制品的形态，从一个生产单位（仓库）流入另一个生产单位，按照规定的工艺过程进行加工、储存，借助一定的运输装置，在某个点内流转，又从某个点内流出，始终体现着物料实物形态的流转过程。

2. 生产物流的主要环节

企业生产物流的流程如图 1－1 所示。

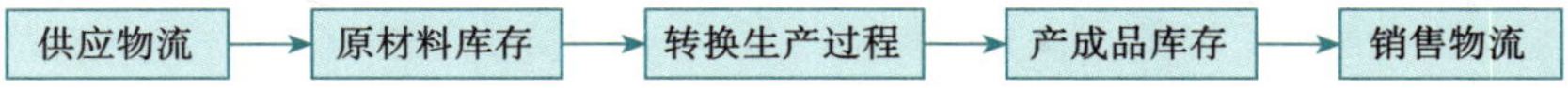

图 1－1　生产物流的流程

（1）生产物流储存。生产物流始于生产所需原材料的生产前储存，它保证了生产工序对原材料的连续性消耗。生产物流储存地点越接近加工地点，生产物流的时间成本越低。

（2）生产转化过程。该过程是生产物流到产成品的转换过程，也是企业生产工艺流程的全过程。在这一过程中，生产物流系统需要进行生产物流出库、装卸、搬运和产成品的入库。生产物料及在制品的流动与企业生产的工艺流程有关，不同的生产工艺对应不同的物料流动。企业的共同目标都是追求物流运行的高效率和低成本。

（3）产成品储存。产成品在进入销售环节之前需要进行短暂的储存，其目的是实现产品的时间效用，调整产品的供给与需求的时间差。按订单生产的企业，在准时供应制生产下的企业，也要对产品进行短暂的停留，以获得产品销售前的集中运输和大批量包装的规模效应。

小资料

准时制生产

准时制生产（Just in Time，JIT），其实质是保持物质流和信息流在生产中的同步，实现恰当数量的物料，在恰当的时候进入恰当的地方，生产出恰当质量的产品。这种方法可以减少库存，缩短工时，降低成本，提高生产效率。

3. 生产物流的目标

在企业生产系统中，物料流转贯穿加工制造过程的始终，生产物流的目标是：

（1）提供畅通无阻的物料流转，以保证生产过程顺利、高效地进行；

（2）减少物料搬运的数量、频率和距离，减少搬运费用、降低成本；

（3）防止物料损坏、丢失，防止人身、设备事故。

4. 影响生产物流的主要因素

不同生产过程形成了不同的生产物流系统，生产物流的构成与下列因素有关：

（1）生产工艺。不同生产工艺的加工设备不同，对生产物流有不同的要求和限制，是影响生产物流构成的最基本因素。

（2）生产类型。不同生产类型的产品品种、结构的复杂程度，加工设备都不尽相同，将影响生产物流的构成与比例关系。

（3）生产规模。生产规模指单位时间内的产品产量，规模大，物流量就大；规模小，物流量就小。相应的物流实施、设备就不同，组织管理也不同。

（4）专业化与协作化水平。社会生产力的高速发展与全球经济一体化，使企业的专业化与协作化水平不断提高。与此相适应，企业内部的生产趋于简化、物料流程缩短。例如，过去由企业生产的毛坯、零件、部件等，现在可以由企业的合作伙伴来提供。这些变化必然影响生产物流的构成与管理。

【课堂体验】卤菜企业生产的物流流程图是怎样的？

____

____

____

（四）销售物流

1. 销售物流

销售物流是指生产企业、流通企业出售商品时，物品在供方与需方之间的实体流动，所以，又称为企业销售物流，是企业为保证本身的经营利益，不断伴随销售活动，将产品所有权转给用户的物流活动。在现代社会中，市场环境是一个完全的买方市场，因此，销售物流活动便带有极强的服务性，以满足买方的要求，最终实现销售目标。在这种市场条件下，销售往往以货物送达用户并经过售后服务才算终止。因此，销售物流的空间范围很大，这便是销售物流的难度所在。在这种前提下，企业销售物流的特点，便是通过包装、送货、配送等一系列物流实现销售，这就需要研究送货方式、包装水平、运输路线等，并采取各种诸如少批量、多批次，定时、定量配送等特殊的物流方式达到目的。

无缝接轨
雨润集团打造
质量管理链

企业销售物流的内涵：企业在销售过程中，将产品的所有权转给用户的物流活动，是产品从生产地到用户手中的时间和空间的转移，是以实现企业销售利润为目的的，是包装、运输和储存等环节的统一。

2. 销售物流的主要环节

（1）产品包装。

①销售包装的目的是向消费者展示、吸引顾客、方便零售。

②运输包装的目的是保护商品，便于运输、装卸、搬运和储存。

（2）产品储存。

①储存是满足客户对商品需求的前提。通过仓储规划、库存管理与控制、仓储机械化等，提高仓储物流工作效率、降低库存水平、提高客户服务水平。

②帮助客户管理库存，有利于稳定客源，便于与客户的长期合作。

（3）货物运输与配送。运输是解决货物在空间位置上的位移。而配送是在局部范围内对多个用户实行单一品种或多品种的按时按量送货。通过配送，客户得到更高水平的服务；企业可以降低物流成本；减少城市的环境污染。要考虑制订配送方案，提高客户服务水平的方法和措施。

（4）装卸搬运。装卸是物品在局部范围内通过人或机械设备装入或卸下运输设备。搬运是以对物品进行水平移动为主的物流作业。主要考虑：提高机械化水平、减少无效作业、集装单元化、提高机动性能、物流活动中各环节的均衡、协调和系统效率最大化。

（5）流通加工。根据需要进行分割、计量、分拣、刷标志、拴标签、组装等作业的过程。主要考虑：流通加工方式、成本和效益、与配送的结合运用、废物再生利用等。

（6）订单及信息处理。企业若能为客户提供方便、经济的订货方式，使客户在考虑批量折扣、订货费用和存货成本的基础上，合理地频繁订货，就能引来更多的客户。

（7）销售物流网络规划与设计。销售物流网络，是以配送中心为核心，连接从生产厂出发，经批发中心、配送中心、中转仓库等，一直到客户的各个物流网点的网络系统。主要考虑市场结构、需求分布、市场环境等因素。

3. 销售物流服务要素

影响销售物流供方和需方成本的四大要素是时间、可靠性、沟通和方便性。

（1）时间。这里所说的时间要素主要是指订货周期，也就是客户从确定物品到物品送达到客户手里的这段时间间隔。

订货周期包括订单处理、订单准备、货物发送，通过对这些活动的有效管理，可以保证适当的订货周期。

（2）可靠性。可靠性是指根据客户订单的要求，按照预定的时间，安全地将订货送达客户指定的地点。可靠性是通过备货时间的可靠性、安全交货的可靠性以及正确供货的可靠性来保证的。

（3）沟通。沟通是存在于整个销售物流过程中供方与需方的商务沟通。沟通方式多种多样，包括电话、常规通信、电子邮件和 EDI，以及必要的面对面沟通。

（4）方便性。方便性就是服务必须灵活，对不同客户的不同需求，应该通过不同的物流服务方式实现客户的最高满意度。方便性建立在考虑成本因素的基础上，为目标客户提供最大的便利。

（五）逆向物流

人类社会在生产与生活中所用的一切物质都直接或者间接地来自自然界。有些取之于大自然的物质可直接用于人们的日常消费，但绝大多数是作为生产原料，经过一系列生产加工而成为最终产品，供人们消费使用的。在人类社会的生产、生活中必然要排放出各种废弃物。这些废弃物中包含两部分，其中一部分是不具有再使用价值的排泄物，另外一部分是可以再生利用的排放物，称为再生资源。

在整个生产、生活过程中，每个环节都将产生相应的排放物，这些排放物的一部分可作为再生资源，另外一部分则作为废料——最终废弃物，其产生过程如图 1－2 所示。再生资源经过加工成为再生产品，同时产生排放物，排放物经过再次回收又产生新的再生资源及废料，如此多次循环。这样的循环过程我们称之为逆向物流。

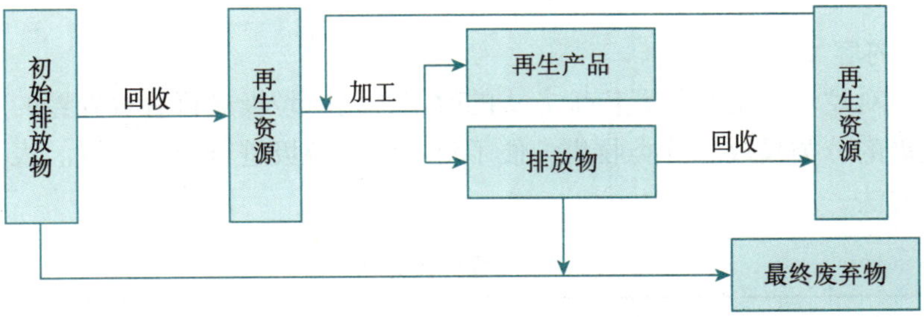

图 1－2 回收与废弃物物流的生产过程

1. 逆向物流的含义

逆向物流是指不合格物品的返修、退货以及周转使用的包装容器从需方返回到供方所形成的物品实体流动。

2. 逆向物流分类

逆向物流分成三部分，即退货产生的回收物流，有价值回收的再生资源物流，无价值的废弃物物流。

（1）回收物流。由于产品质量或物流过程中造成的货损，以及顾客出于消费倾向造成的合理退货，均属于回收物流。退货包括产品或包装物。

（2）再生资源物流。对有价值物品和资源的回收加工活动是再生资源物流。所有非一次性资源均有再生价值，特别是废金属、废纸和废玻璃器具。由于再生资源数量大、种类多、来源地广泛，再生资源主要由专业的商业组织进行回收处理。

（3）废弃物物流。废弃物物流是将完全没有价值的废料进行收集与分类包装，送到专门场所处理的物品实体流动。废弃物品处理有以下三种。

①废弃物掩埋，是指将废弃物集中到政府规划的区域内进行分类、消毒后处理掩埋。经长期监测完全无害后，可以改建为工业区域或其他公共设施。

②焚烧，是指将对有机物含量高、易污染环境的废弃物集中焚烧。在目前的技术条件下，垃圾发电比较经济。在确定垃圾发电成本与一般商业发电成本的差额后，由政府对垃圾发电厂进行补贴，这样可以鼓励垃圾处理行业的发展。

③净化处理加工，是指对废水、废物进行净化处理，这样可减少对环境的危害，尤其是对废水的净化处理。目前已经成立废弃物物流中心的流通加工产业。废弃物物流的合理化必须从能源、资源和生态环境保护三个战略高度综合筹划，形成一个将废弃物的所有发生源包括在内的广泛物流系统。

【课堂体验】请用生活实例说明三种逆向物流。

思政案例
唯品会不断优化逆向物流

二、小组活动安排

（一）活动内容

垃圾分类是对垃圾收集和处置传统方式的改革，是对垃圾进行有效处置的一种科学管理方法。通过垃圾的分类投放、分类收集，便于对不同类垃圾进行分类处置。表 1－15 所示为常规垃圾分类方法。

表 1－15　常规垃圾分类方法

类别	内容
可回收垃圾	主要包括废纸、塑料、玻璃、金属和布料五大类
厨余垃圾	主要包括剩菜剩饭、骨头、菜根菜叶、果皮等食品类废物
有害垃圾	主要包括废电池、废日光灯管、废水银温度计、过期药品等
其他垃圾	主要包括除上述几类垃圾之外的砖瓦陶瓷、渣土、卫生间废纸、纸巾等难以回收的废弃物

任务：

从逆向物流的角度，尝试分析不同垃圾的处理方式。

（二）成果展示

（1）各小组结合知识准备内容，对活动内容进行分析。

（2）每个小组的代表向同学们进行成果展示，要求语言通顺、表述清晰。

任务评价

1. 小组活动评价标准

组长负责每个组员的工作过程，制定量化评价标准，总分值为 30 分，各项评价标准如下：

（1）态度：积极参与课堂活动，态度端正。

（2）意识：互助合作，服从组长安排，各小组成员一起分担任务和责任。

（3）展示：能参与活动展示，语言清晰，举止大方得体。

（4）效果：完成活动任务，分析准确、全面。

表 1－16 所示为小组成员评价意见。

表 1－16　小组成员评价表

小组名称：　　组长：

小组成员	态度（5 分）	意识（10 分）	展示（5 分）	效果（10 分）

2. 教师评价标准

教师负责评价每组的任务完成情况，制定量化评价标准，对工作结果进行评价。总分值最高 70 分。教师对小组进行评价的标准见表 1－17。

表 1－17　小组评价指标

序号	评价指标	分值（分）
1	能在规定时间内小组合作完成工作任务并顺利展示，操作流程规范，岗位职责明确	60～70
2	能在规定时间内小组合作完成工作任务，能进行展示，但在操作流程规范，岗位分工等方面存在小问题	50～59
3	获得教师或其他组的帮助后能完成工作任务并进行展示	0～49

3. 教师点评

教师进行点评时，开展小组自评、组间互评，教师汇总各小组评价进行总结点评，每个学生最后得分为所在小组分值加上成员评价分值。

应用训练

选择某一品牌服饰，分析服装物流的业务模式。

拓展提升

垃圾分类介绍

垃圾分类（Garbage Classification），一般是指按一定规定或标准将垃圾分类储存、分类投放和分类搬运，从而转变成公共资源的一系列活动的总称。分类的目的是提高垃圾的资源价值和经济价值，力争物尽其用。

垃圾在分类储存阶段属于公众的私有品，垃圾经公众分类投放后成为公众所在小区或社区的区域性准公共资源，垃圾从分类搬运到垃圾集中点或转运站后成为没有排他性的公共资源。从国内外各城市对生活垃圾分类的方法来看，大致都是根据垃圾的成分、产生量，结合本地垃圾的资源利用和处理方式进行分类的。

进行垃圾分类收集可以减少垃圾处理量和处理设备，降低处理成本，减少土地资源的消耗，具有社会、经济、生态三方面的效益。

2019 年 6 月 25 日，生活垃圾分类制度将入法。2019 年 9 月，大连在每个垃圾分类投放点设置了督导员。上海成为中国第一个垃圾分类试点城市。

图 1－3 可以帮助我们了解生活中的垃圾分类。

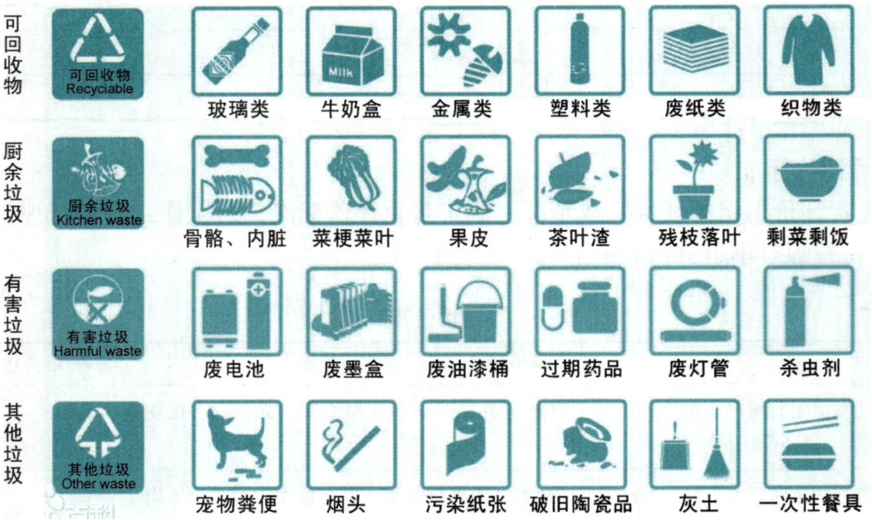

图 1－3　了解生活中的垃圾分类

一、产生原因

每个人每天都会扔出许多垃圾，在一些垃圾管理较好的地区，大部分垃圾会得到卫生填埋、焚烧、堆肥等无害化处理，而更多地方的垃圾则常常被简易堆放或填埋，导致臭气蔓延，并且污染土壤和地下水。

垃圾无害化处理的费用是非常高的，根据处理方式的不同，处理一吨垃圾的费用约为

100元至几百元不等。人们大量消耗资源，大规模生产，大量消费，又大量产生垃圾，后果将不堪设想。

从国外各城市对生活垃圾分类的方法来看，大致都是根据垃圾的成分构成、产生量，结合本地垃圾的资源利用和处理方式来进行分类。如德国一般将垃圾分为纸、玻璃、金属和塑料等；澳大利亚一般分为可堆肥垃圾，可回收垃圾，不可回收垃圾；日本一般分为塑料瓶类，可回收塑料，其他塑料，资源垃圾，大型垃圾，可燃垃圾，不可燃垃圾，有害垃圾等。

二、分类原则

（1）分而用之。分类的目的就是将废弃物分流处理，利用现有生产制造能力，利用回收品，包括物质利用和能量利用，填埋处置暂时无法利用的无用垃圾。

（2）因地制宜。各地、各区、各社（区）、各小区的地理、经济发展水平、企业回收利用废弃物的能力、居民来源、生活习惯、经济与心理承受能力等各不相同。

（3）自觉自治。社区和居民，包括企事业单位，逐步养成“减量、循环、自觉、自治”的行为规范，创新垃圾分类处理模式，成为垃圾减量、分类、回收和利用的主力军。

（4）减排补贴、超排惩罚。制定单位和居民垃圾排放量标准，低于这一排放量标准的给予补贴；超过这一排放量标准的则予以惩罚。减排越多补贴越多，超排越多惩罚越重，以此提高单位和居民实行源头减量和排放控制的积极性。

（5）捆绑服务、注重绩效。在居民还没有自愿和自觉行动而居（村）委和政府的资源又不足时，推动分类排放需要物业管理公司和其他企业介入。但是，仅仅承接分类排放业务难以获利，企业不可能介入，而推行捆绑服务就是要解决这个问题。将推动分类排放服务与垃圾收运、干湿垃圾处理业务捆绑，可促进垃圾分类资本化，保障企业合理盈利。

垃圾分类回收说难不难，分而用之实为关键，因地制宜提供方便，自觉自治行为规范。

三、分类意义

1. 当前形势

垃圾分类是对垃圾收集和处置传统方式的改革，是对垃圾进行有效处置的一种科学管理方法。人们面对日益增长的垃圾产量和环境状况恶化的局面，如何通过垃圾分类管理，最大限度地实现垃圾资源利用，减少垃圾处置的数量，改善生存环境状态，是当前世界各国共同关注的迫切问题。

垃圾增多的原因是人们生活水平提高了，各项消费增加了。据统计，1979年全国城市垃圾的清运量是2 500多万吨，2022年城市垃圾的清运量是24 475.9万吨。经过高温焚烧后的垃圾虽然不会占用大量的土地，但它耗资惊人，难道我们处理垃圾就束手无策了吗？办法是有的，这就是垃圾分类。垃圾分类就是从源头将垃圾分类投放，并通过分类的清运和回收使之重新变成资源。

2. 垃圾分类处理的优点

（1）减少占地。生活垃圾中有些物质不易降解，使土地受到严重侵蚀。垃圾分类可去掉可以回收的、不易降解的物质，减少垃圾数量达60%以上。

（2）减少污染。我国的垃圾处理多采用卫生填埋甚至简易填埋的方式，占用上万亩土地；并且虫蝇乱飞，污水四溢，臭气熏天，严重污染环境。土壤中的废塑料会导致农作物减产；抛弃的废塑料被动物误食，导致动物死亡的事故时有发生。因此，回收利用还可以减少危害。

（3）变废为宝，中国每年使用塑料快餐盒达40亿个，方便面碗5亿~7亿个，一次性筷子数十亿双，这些占生活垃圾的8%~15%。1吨废塑料可回炼600千克的柴油，回收1 500吨废纸，可免于砍伐用于生产1 200吨纸的林木。1吨易拉罐熔化后能结成1吨很好的铝块，可少采20吨铝矿。生活垃圾中有30%~40%可以回收利用，应珍惜这个小本大利的资源。大家也可以利用易拉罐制作笔盒，既环保，又节约资源。而且，垃圾中的其他物质也能转化为资源，如食品、草木和织物可以堆肥，生产有机肥料；垃圾焚烧可以发电、供热或制冷；砖瓦、灰土可以加工成建材等。各种固体废弃物混合在一起是垃圾，分选后就是资源。如果能充分挖掘回收生活垃圾中蕴含的资源潜力，仅北京每年就可获得11亿元的经济效益。可见，消费环节产生的垃圾如果及时被分类、回收再利用是解决垃圾问题的最好途径。

垃圾分类的好处是显而易见的。垃圾分类后被送到工厂而不是填埋场，既省下了土地，又避免了填埋或焚烧所产生的污染，还可以变废为宝。这场人与垃圾的战役中，人们把垃圾从敌人变成了朋友。

综上所述，进行垃圾分类收集可以减少垃圾处理量和处理设备，降低处理成本，减少土地资源的消耗，具有社会、经济、生态三方面的效益。

任务六
了解其他物流

任务描述

通过学习，刘进同学对数字物流与销售物流的概念掌握得非常好，兴冲冲地在网上找到物流员测试卷看看自己基本的理论知识掌握了多少，可是面对试卷中的许多物流名词，他还是一头雾水，感觉自己离物流员岗位要求还有一段距离，带着物流员考试试卷中的问题，他继续完成课堂学习，想从中找到心中困惑的答案。

任务目标

素质目标：

1. 培养学生分析问题和解决问题的能力
2. 培养学生探究学习、终身学习的能力

知识目标：

1. 掌握相关物流名词的内涵
2. 了解我国不同物流名词的发展

能力目标：

1. 能陈述相关物流名词的内涵
2. 能尝试识别不同的物流概念

任务实施

一、知识准备

（一）一体化物流

1. 一体化物流

一体化物流是指将原料、半成品和成品的生产、供应、销售结合成有机整体，实现流通与生产的引导和促进关系的物流方式。

一体化物流是 20 世纪末最有影响的商业趋势之一，它改变了从前把产品的流动视为一系列独立活动的思路，把原材料经过一定生产过程最终送达消费者的商品流动作为整体系统进行计划与协调。它是物流管理系统化的具体体现，它充分考虑了整个物流过程及影响此过程的各种环境因素，对商品的实物流动进行整体规划和运行。因此一体化物流管理的目标是将市场、分销网络、制造过程和采购活动联系起来，以实现高水平的顾客服务与低成本，赢得竞争优势。

2. 一体化物流分类

物流一体化主要有两种类型：纵向一体化和横向一体化。

（1）纵向一体化。纵向一体化是指上下游企业之间在所有权上的纵向合并，其主要形式有后向一体化和前向一体化。后向一体化即生产商向后控制供应商，使供应和生产一体化，实现供产结合；前向一体化即生产或销售企业向前控制分销系统，如批发商、代理商、零售商，实现产销结合。

纵向一体化的目的是加强核心企业对原材料供应、产品制造、分销和销售全过程的控制，使企业能在市场竞争中掌握主动，从而增加各个业务活动阶段的利润。

（2）横向一体化。横向一体化是由同类或相关企业之间以资金、技术、市场等为联结纽带，追求集团整体的物流效益。横向一体化的主要形式是战略联盟，可以是有共同客户群的不同产品或服务的生产商（或服务商）组织的联合经销网。在这类集团内部，企业之间可以共享物流资源，在面对风险或面对共同的竞争对手时共抗风险，共同进退。

横向一体化的优点在于：在物流产品或服务质量、技术进步等方面便于统一管理；集团成员为了实现集团的整体利益更利于资源共享；组建较为方便，集团的成分也较灵活。其局限性在于：不易实现深层次的联合，更不易做到全面联合，集团整体的生产经营效率难以真正地提高；同时，由于横向一体化重在发挥整体优势，往往还会造成集团成员对集团的依赖心理，不利于集团成员自身的进步。

所以，应兼有纵向和横向两种形式的一体化，在增强集团竞争力的同时，也提高了集团自身的物流效率，但也不可避免地给集团的管理带来更大的困难。不过真正是单纯的纵向一体化或横向一体化的很少见，只能说是以某一种形式为主，以另一种形式为补充。所以在管理过程中，应当注意对不同方式联系起来的企业施以不同的管理策略。

（二）定制物流

定制物流是指根据用户的特定要求而为其专门设计的物流服务模式。

物流服务提供者针对客户需求的差异性，视每一位客户为一个单独的细分市场，设计专门的物流服务模式来满足客户的特定需求。由于客户的企业规模、产品性质等特征的不同，客户对物流服务的需求也不同，在降低库存水平、提高市场反馈速度、追求最小不确定因素等方面都会存在差异。同时，物流企业的经营观念也在逐渐从减少复杂性和节约成本转向提高服务收入和争取较高的边际利润。

定制物流以客户服务为中心，通过提供独特的物流服务方案来满足客户需求。其不足之处是：由于物流服务提供者将每位客户作为一个单独的细分市场，分别提供不同的物流服务，其物流服务方案的设计和实施是一个庞大的工程，无论是厂商自营物流还是第三方物流都将面临管理客户、为客户服务、维护客户关系、评价物流业务绩效等诸多问题，物流活动的开展难以产生规模经济效应，致使物流总成本过高。

（三）军事物流

军事物流是现代物流的一个分支。它是军事物资经由采集、运输、包装、加工、仓储、供应等环节，最终抵达部队而被消耗的全过程。

军事物流的目标是保障军事行动的胜利。这一点和地方物流以成本或服务水平为目标明显不同；物品种类也具有特殊性：主要包括武器装备、弹药、医疗设备、军队生活用品等；同时军事物流还具有保密性、时效性等特点。多数情况下由部队用自有运输、仓储设备在军用机场、码头、车站完成物流活动。

军事物流和地方的民用物流又密不可分，现在民用物流中普遍使用的 GPS 卫星定位系统实际上是美国军方的军用定位系统；地方铁路、公路、桥梁、码头的建设要考虑军事需要和战略安全，要避免敌方的战时破坏，还要考虑紧急情况下我方对破坏实施应急处理。民用运输工具要能在战时迅速改装以满足军事需求。民用物资的仓储要考虑战时军需和紧急情况下的自毁。所以，军事物流和民用物流实际上是一个统一的大系统。

（四）虚拟物流

虚拟物流（Virtual Logistics）是指以计算机网络技术进行物流运作与管理，实现企业间物流资源共享和优化配置的物流方式。即多个具有互补资源和技术的成员企业，为了实现资源共享、风险共担、优势互补等战略目标，在保持自身独立性的条件下，建立的较为稳定的合作伙伴关系。

虚拟物流是利用日益完善的通信网络技术及手段，将分布于全球的企业仓库虚拟整合为一个大型物流支持系统，以完成快速、精确、稳定的物资保障任务，满足物流市场的多频次、小批量订货需求。虚拟物流本质上是“即时制”在全球范围内的应用，是小批量、多频度物资配送过程。它能使企业在世界任何地方以最低的成本跨国生产产品，以及获得所需物资，以赢得市场竞争速度和优势。虚拟物流管理模式的另一个好处就是可以在较短的时间内，通过外部资源的有效整合，实现对市场机遇的快速响应。但由于虚拟物流并没有改变各节点企业在市场中的独立法人属性，也没有消除其潜在的利益冲突。因此，虚拟物流也给各联盟企业带来了一些新的风险。

（五）邮政物流

邮政物流是一体化物流业务中的一种，是以为客户提供物流解决方案为目的，从而为客户提供一站式、全程化的物流服务，包括物流业务流程再造、订单管理、库存管理、供应商协调、信息接入、仓储、分拣、包装加工、分销、运输、配送、信息跟踪监控和资金收付结算等综合物流服务

邮政物流

项目。

通过对客户的经营状况、物流运作以及竞争对手的情况等进行调研分析，结合邮政物流的优势对客户物流现状提出改进措施，为客户定制个性化、柔性化的物流解决方案。通过参与客户的物流管理，将各个物流功能有机衔接起来，实现高效的物流系统运作，帮助客户提高物流管理水平、控制能力、运行效率和资金周转率，降低客户的物流费用和运营成本，为采购、生产和销售提供有效支撑。

（六）港口物流

港口物流是最近几年才频频出现在学术研讨会和各类媒体上的新名词。港口物流是指中心港口城市利用其自身的口岸优势，以先进的软硬件环境为依托，强化其对港口周边物流活动的辐射能力，突出港口集货、存货、配货的特长，以临港产业为基础，以信息技术为支撑，以优化港口资源整合为目标，发展具有涵盖物流产业链所有环节特点的港口综合服务体系。港口物流是特殊形态下的综合物流体系，是作为物流过程中的一个无可替代的重要节点，完成整个供应链物流系统中基本的物流服务和衍生的增值服务。

小资料

世界港口的发展大体经历了三代。第一代港口功能定位为纯粹的“运输中心”，主要提供船舶停靠、海运货物的装卸、转运和仓储等；第二代港口功能定位为“运输中心+服务中心”，除了提供货物的装卸仓储等，还增加了工业和商业活动，使港口具有了货物的增值功能；第三代港口功能定位为“国际物流中心”，除了作为海运的必经通道在国际贸易中继续保持有形商品的强大集散功能并进一步提高有形商品的集散效率之外，还具有集有形商品、技术、资本、信息于一体的物流功能。目前，世界主要港口中第二代港口仍是发展的主流，但随着经济全球化、市场国际化和信息网络化，一些大型港口已经开始向第三代港口转型。

（七）宏观物流和微观物流

1. 宏观物流

宏观物流是指再生产总体的物流活动，是从社会再生产总体角度认识和研究的物流活动。这种物流活动的参与者是构成社会总体的大产业、大集团。宏观物流也就是研究社会再生产总体物流，研究产业或集团的物流活动和物流行为。

美国物流成本管理经验

宏观物流是从总体看物流，而不是从物流的某一个构成环节看物流。宏观物流研究的主要特点是综合性和全局性。宏观物流主要研究的内容是物流总体构成，物流与社会的关系，物流在社会中的地位，物流与经济发展的关系，社会物流系统和国际物流系统的建立和运作等。因此，在我们常提到的物流活动中，社会物流、国民经济物流、国际物流都属于宏观物流。

2. 微观物流

在一个小地域空间范围内发生的具体物流活动属于微观物流，在整个物流活动中，其中一个局部、一个环节的具体物流活动也属于微观物流。微观物流研究的特点是具体性和局部性。因此，消费者、生产企业所从事的实际的、具体的物流活动就属于微观物流。微观物流包括生产物流、供应物流、销售物流、回收物流、废弃物物流等。

（八）区域物流和国际物流

1. 区域物流

相对于国际物流而言，一个国家范围内的物流，一个城市间的物流，一个经济区域内的物流处于同一法律、规章、制度之下，受相同文化和社会因素影响，处于基本相同的科技水平和装备水平之中。因而，都有其独特的区域特点。

区域物流研究的重点是城市物流。城市经济区域的发展有赖于物流系统的建立和运行。

2. 国际物流

国际物流是伴随着国际经济交往、贸易活动和其他国际交流所发生的物流活动。由于近年来国际贸易的急剧扩大，国际分工日益明显，以及世界经济逐步走向一体化，国际物流正成为现代物流的研究重点之一。

（九）社会物流与企业物流

1. 社会物流

社会物流是指超越企业物流，以社会为范畴的物流活动。这种社会性很强的物流是由专门的物流服务供应商承担的。社会物流研究再生产过程中随之发生的物流活动，研究国民经济中的物流活动，研究如何形成服务于社会、面向社会又在社会环境中运行的物流，研究社会中物流体系的结构和运行规律，因此带有综合性和广泛性。

2. 企业物流

企业物流是在企业经营范围内由生产或服务活动所形成的物流系统，运用生产要素，为各类用户从事各种后勤保障活动，即流通和服务活动，依法自主经营、自负盈亏、自我发展，并具有独立法人资格的经济实体。如一个制造企业要购进原材料，经过若干道工序的加工、装配，形成产品销售出去，一个企业要按照客户要求将货物输送到指定的地点。

【课堂体验】 数字物流中哪一方物流不属于社会物流？

____

____

____

二、小组活动安排

（一）活动内容

A 集团在总结长期经营和市场运作过程中存在的不足时，深刻意识到增加企业效益的重要利润来源之一是优化整合企业采购、销售的整个过程。在该集团现代物流整合项目的招标中，某物流科技公司技压群雄，承接了此项整合任务的设计和实施，并为其开发物流信息平台，以“信息管理带动物流管理”。物流科技公司经过实地考察，再结合 A 集团实际情况和具体要求，提供了建立准时制采购、生产、配送的一体化物流系统解决方案：将该集团销售体系与物流体系分离，将三大子公司的物流业务流程合并，统一由物流推进部运作。销售过程中所发生的各种订单和业务处理都要通过海信物流信息系统平台处理，物流推进部根据信息平台数据，结合各地 3PL 的运输能力，有效调度货物配送。同时各子公司营销机构都可以通过物流信息平台直观、实时地了解仓储和销售情况，并做到准确、快速反馈。

任务：

请描述该集团物流一体化类型，并分析一体化物流的作用。

（二）成果展示

（1）各小组结合知识准备内容，对活动内容进行分析。

（2）每个小组的代表向同学们进行成果展示，要求语言通顺、表述清晰。

任务评价

1. 小组活动评价标准

组长负责每个组员的工作过程，制定量化评价标准，总分值为 30 分，各项评价标准如下：

（1）态度：积极参与课堂活动，态度端正。

（2）意识：互助合作，服从组长安排，各小组成员一起分担任务和责任。

（3）展示：能参与活动展示，语言清晰，举止大方得体。

（4）效果：完成活动任务，分析准确、全面。

表 1－18 所示为小组成员评价意见。

表 1－18　　小组成员评价表

小组名称：　　　　组长：

小组成员	态度（5 分）	意识（10 分）	展示（5 分）	效果（10 分）

2. 教师评价标准

教师负责评价每组的任务完成情况，制定量化评价标准，对工作结果进行评价。总分值最高 70 分。教师对小组进行评价的标准见表 1－19。

表 1－19　　小组评价指标

序号	评价指标	分值（分）
1	能在规定时间内小组合作完成工作任务并顺利展示，操作流程规范，岗位职责明确	60～70
2	能在规定时间内小组合作完成工作任务，能进行展示，但在操作流程规范，岗位分工等方面存在小问题	50～59
3	获得教师或其他组的帮助后能完成工作任务并进行展示	0～49

3. 教师点评

教师进行点评时，开展小组自评、组间互评，教师汇总各小组评价进行总结点评，每个学生最后得分为所在小组分值加上成员评价分值。

应用训练

学生周末回家后，在网上查找与本项目相关的物流案例，制作成PPT，要求图文并茂。

拓展提升

中国邮政速递物流的品牌与服务

中国邮政速递物流股份有限公司（以下简称邮政速递）是中国邮政集团于2010年6月联合各省邮政公司共同发起设立的国有股份制公司，是中国经营历史最悠久、规模最大、网络覆盖范围最广、业务品种最丰富的快递物流综合服务提供商。其经营范围是国内速递、国际速递、合同物流，国内、国际速递服务涵盖卓越、标准和不同经济时限水平的速递以及代收货款等增值服务，合同物流涵盖仓储、运输等供应链全过程，业务范围遍及全国31个省（自治区、直辖市）的所有市县乡（镇），通达包括港、澳、台地区在内的全球200多个国家和地区，营业网点超过45万个。为社会各界客户提供方便快捷、安全可靠的门到门快递物流服务，致力于成为持续引领中国市场、综合服务能力最强、最具全球竞争力和国际化发展空间的大型现代快递物流企业。拥有享誉全球的特快专递品牌EMS和国内知名的物流品牌CNPL。

一、两大品牌

中国邮政自1984年成立邮政特快专递服务——EMS（Express Mail Service），主要业务包括国际、国内专快专递等业务，开创了我国快递业。2003年成立中国邮政物流有限责任公司（China Post Logistics，CNPL）（以下简称邮政物流），邮政物流采取的是“一体化物流业务服务”模式，即为客户提供全程化物流服务，包括物流业务流程再造、订单管理、库存管理、信息接入、仓储、分拣、包装加工、分销、运输、配送、信息跟踪、资金收付结算等综合服务。目前，邮政物流业务包括一体化物流业务、同城（区域）配送业务、货运代理业务、分销与邮购业务。

二、典型业务

邮政快递典型业务分为4种类型，分别是经济快递、次晨达业务、国内特快、国际特快专递。

1. 经济快递

经济快递主要定位国内物品类市场。主要服务对象为批量交寄、价值相对较高、安全、信息反馈和综合性价比要求较高的大宗客户，如网上购物、电视购物、电子通信产品生产厂家或销售商等。

2. “次晨达”业务

“次晨达”业务是中国邮政速递物流充分发挥“全夜航”航空自有运输能力的网络优势，对资源进行整合，推出的高品质业务。次晨达业务包含“区域次晨达”和“跨区域次晨达”。

3. 国内特快

国内特快专递业务作为中国邮政速递物流的精品业务，以高速度、高质量为用户传递国内紧急文件资料及物品，同时提供多种形式的邮件跟踪查询服务。

4. 国际特快专递

中国邮政国际业务为用户提供通达全球200多个国家和地区的寄递服务。根据不同产品，可提供信息查询、邮件保价、延误赔偿和丢失赔偿等增值服务，以满足用户寄递物品、文件资料和信件等不同类型的需求。

回味与思考

一、单项选择题

1. 物流的概念最早是从“(　　)”发展而来。

A. 实物分配　　B. 虚拟分配

C. 分配　　D. 生产

2. 2007年5月1日正式实施的中华人民共和国国家标准:《物流术语》(GB/T 18354－2006) 中，对物流进行了定义:“物流是物品从供应地向接收地的 (　　) 过程”。

A. 实物分配　　B. 实体流动

C. 虚拟分配　　D. 信息流动

3. (　　) 是从事物流活动的经济组织。

A. 企业　　B. 物流企业

C. 销售公司　　D. 生产企业

4. (　　) 是指物流功能的实施与管理过程。

A. 物流　　B. 企业活动

C. 销售活动　　D. 物流活动

5. (　　) 是指利用仓库及相关设施设备进行物品的入库、存贮、出库的作业。

A. 流通加工　　B. 包装

C. 仓储　　D. 装卸搬运

6. 由制造商或生产企业自己完成的物流活动称为 (　　)。

A. 第四方物流　　B. 第三方物流

C. 第二方物流　　D. 第一方物流

7. 第三方物流又称为 (　　)。

A. 合同制物流　　B. 定制物流

C. 规模物流　　D. 销售物流

8. 第四方物流的概念是由 (　　) 率先提出的，是专门为第一方、第二方和第三方提供物流规划、咨询、物流信息系统、供应链管理等活动。

A. 日本人　　B. 中国人

C. 美国人　　D. 英国人

9. 采购物流是指包括原材料等一切生产物资的采购、进货、运输、仓储、库存管理、用料管理和供应管理等过程，也称为（　　）。

A. 原材料物流　　B. 产成品物流

C. 进货物流　　D. 用料物流

10. 生产物流储存地点越接近加工地点，生产物流的（　　）越低。

A. 时间成本　　B. 销售成本

C. 库存成本　　D. 进货成本

11. 企业在销售过程中，将产品的（　　）转给用户的物流活动，是产品从生产地到用户的时间和空间的转移，是以实现企业销售利润为目的的，是包装、运输和储存等环节的统一。

A. 使用权　　B. 所有权

C. 生产权　　D. 销售权

12. 在整个生产、生活过程中，每个环节都将产生相应的排放物，这些排放物的一部分可作为（　　），另外一部分则作为废料——最终废弃物。

A. 不可再生资源　　B. 完全废弃物

C. 再生资源　　D. 不可利用资源

13. （　　）包括废弃物物流的内容，其最终目标是减少资源使用，并通过减少使用资源达到废弃物减少的目标，同时使正向以及回收的物流更有效率。

A. 广义的逆向物流　　B. 狭义的逆向物流

C. 逆向物流　　D. 废弃物物流

14. （　　）也就是研究社会再生产总体物流，研究产业或集团的物流活动和物流行为。

A. 微观物流　　B. 城市物流

C. 区域物流　　D. 宏观物流

15. 区域物流研究的重点是（　　）。

A. 港口　　B. 港口物流

C. 城市　　D. 城市物流

二、多项选择题

1. 评价物流体系有几个主要因素，它们是（　　）。

A. 品质　　B. 数量

C. 时间　　D. 地点和价格

2. 物流业由（　　）构成。

A. 交通运输业　　B. 储运业

C. 配送业　　D. 通运业

3. 物流企业按业务类型分为（　　）。

A. 运输型　　B. 仓储型

C. 加工型　　D. 综合服务型

4. 物流企业文化具有多种功能。具体来说，它具有（　　）和辐射功能等。

A. 导向功能　　B. 约束功能

C. 凝聚功能　　D. 激励功能

5. 现有企业按所有制实现形式分类，分为（　　）。

A. 国有独资有限公司　　B. 股份有限公司

C. 股份合作制企业　　D. 三资企业

6. 第三方物流的特征是（　　）。

A. 关系契约化　　B. 服务个性化

C. 功能专业化　　D. 管理系统化

7. 生产物流的主要环节有（　　）。

A. 生产物流储存　　B. 生产转化过程

C. 产成品储存　　D. 半成品储存

8. 影响销售物流供方和需方成本的要素是（　　）。

A. 时间　　B. 可靠性

C. 沟通　　D. 方便性

9. 从物流作业环节来看，绿色物流包括（　　）。

A. 绿色生产　　B. 绿色运输

C. 绿色包装　　D. 绿色流通加工

10. 绿色物流的特征有（　　）。

A. 学科交叉性　　B. 多目标性

C. 多层次性　　D. 时域性和地域性

三、判断题

1. 物流金融是银行及其客户发展的客观需要，同时也是物流企业提供物流增值服务的主要内容之一。（　　）

2. 生产资料所有制和所有制实现形式，是完全相同的两个概念。（　　）

3. 综合型物流企业是指能为客户提供一体化或一站式物流服务的经济组织。（　　）

4. 在运输时，运输时间、运输货损、运费、车辆或船舶周转等运输的若干技术经济指标，都与运距有一定比例关系，运距长短是运输是否合理的一个最基本因素。（　　）

5. 成组化作用是指通过集装将货物整理成适合搬运、运输的单元，如适合使用托盘、集装箱、货架或载重汽车、货运列车等运载的单元。（　　）

6. 第四方物流是一个供应链的集成商，是供需双方及第三方物流的领导力量。（　　）

7. 军事物流和地方的民用物流可以完全分开。（　　）

8. 对有价值物品和资源的回收加工活动属于废弃物物流。所有非一次性资源

均有再生价值，特别是废金属、废纸和废玻璃器具。（　　）

9. 一体化物流是20世纪末最有影响的商业趋势之一，它改变了从前把产品的流动视为一系列独立活动的思路，把从原材料到消费者的商品流动作为整体系统进行计划与协调。（　　）

10. 宏观物流是指研究社会再生产总体物流，研究产业或集团的物流活动和物流行为的学科。（　　）

四、填空题

1. 销售包装的目的是（　　）、（　　）、（　　）。

2. 从对绿色物流的管理和控制主体看，可分为社会决策层、企业管理层和作业管理层三个层次的绿色物流活动，或者说是（　　）、（　　）、（　　）。

3. 物流一体化主要有两种类型：（　　）和（　　）。

4. 军事物流是现代物流的分支。它是军事物资经由（　　）、（　　）、（　　）、（　　）、（　　）、（　　）等环节，最终抵达部队而被消耗的全过程。

5. 微观物流包括（　　）、（　　）、（　　）、（　　）、（　　）。

五、简答题

1. 按提供的服务项目不同，可以将物流企业分为哪几类？

2. 物流企业文化可分为哪几个层次？

3. 影响运输合理化的因素有哪些？

4. 仓储的作用有哪些？

5. 包装的作用有哪些？

6. 在企业生产系统中，物料流转贯穿加工制造过程的始终，请简述生产物流的目标有哪些。

7. 再生资源主要由专业的商业组织进行回收处理。请简述其处理过程。

8. 企业的采购物流有哪几种组织方式？

项目二
2 感受企业物流

任务一
体验采购物流

任务描述

通过项目一，刘进等同学对物流有了一个基本认识，笔记做了许多，但由于没有亲身体验，概念常常混淆。任课教师带领学生去可口可乐公司的生产基地体验了企业真实的物流活动。

公司物流经理亲自带领学生参观了整个工厂，并向学生生动地讲解了企业物流中的企业采购物流、生产物流及销售物流。

任务目标

素质目标：

1. 培养学生分析问题和解决问题的能力
2. 培养学生良好的团队协作精神

知识目标：

1. 掌握采购物流的内涵
2. 熟悉采购物流的基本环节
3. 了解企业采购物流的模式

能力目标：

1. 能陈述采购物流的内涵
2. 能辨别采购物流的基本环节
3. 能尝试分析采购物流模式的优缺点

任务实施

一、知识准备

（一）认识采购物流

1. 采购

采购就是企业根据需求制订采购计划并进行审核，选好供应商，进行商务谈判确定价格、交货日期及相关条件，最终签订合同并按要求收货付款的工作。

广义的采购是指除以购买方式采购货物之外，还可以用诸如租赁、交换的方式取得使用权，达到满足需求的目的。

对于生产企业而言，为销售而生产，为生产而采购是一个环环相扣的物料输入、输出的动态过程。采购是企业物流管理的起始点，最初的采购活动成功与否直接影响到企业生产、销售最终产品的定价情况和整个供应链的最终获利情况。

【课堂体验】 采购物流的定义是什么？

____

____

____

采购物流所涉及的物品有很多，一般来说，生产企业将物品分为以下三类：

（1）产品材料。产品材料是指直接进入产品生产用的原材料、零部件以及半成品等。原材料是指直接进入产品并构成产品主体的基本材料，既包括煤、棉花、铁矿石等未经加工的初级原材料，也包括钢材、汽油、橡胶等经适度加工或提炼的原材料。零部件包括单个零件及由多个零件组成的部件，如汽车的发动机、冰箱用的压缩机、电子元器件等。而半成品则是指经组装或加工但仍处于生产过程中的物品。

（2）非产品材料。非产品材料，是企业中不直接进入产品本身的所有物品，它包括车床、锅炉等机器设备，润滑油、冷却液、电焊条、工具等消耗品及家具、计算机、文具等办公用品。

（3）转卖品。转卖品，是指不在本企业生产制造，而从供应商处采购的标有本企业商标的成品。最具代表性的是 OEM 产品。随着经济全球化进程的加快，国际产业分工日益明显，企业之间的相互依赖越来越强，一些技术或品牌优势明显的企业会先向选定的供应商提供技术或品牌，由供应商按要求组织生产，再从供应商处购回所有的产品，以自己的品牌和名义在市场销售。

【课堂体验】 可口可乐公司中，采购的物品主要有哪些？分别属于哪些类型？

____

____

____

2. 采购物流的基本环节

（1）制订采购计划。制订采购计划是指企业的采购部门应根据各部门的需求计划制订合理的采购计划。采购物品不宜过多以免增加库存，也不宜过少以免影响生产。

（2）采购。采购是指提出采购需求 、选定供应商、谈判价格 、确定交货日期及相关条件、签订合同并按要求收货付款的工作。

（3）到厂物流。到厂物流是指选择合理的运输方式将所采购的物品运输到指定地点，并验收入库的过程。

（4）厂内物流。厂内物流是指将采购来的原材料供应到生产线上的过程。

（二）企业采购物流的模式

采购物流过程因不同企业、不同供应环节和不同的供应链而有所区别，目前用得较多的有以下四种基本组织方式：

（1）委托社会销售企业代理采购物流的方式。

（2）委托第三方物流企业代理采购物流的方式。

（3）企业自供物流的方式。

（4）近年来随着供应链理论发展起来的供应链供应方式。

不同的模式在某些环节具有非常复杂的特点，但采购物流的基本流程是相同的，就是前面所讲的四个环节。

【课堂体验】 讨论一下，这四种采购物流的模式分别有哪些优缺点？

二、小组活动安排

（一）活动内容

海尔采取的采购策略是利用全球化的网络，集中采购。以规模优势降低采购成本，同时精简供应商队伍。在供应商关系管理方面，海尔采用共同发展供应业务模式。海尔有很多产品的设计方案直接交给厂商来做，很多零部件是由供应商提供今后两个月市场的产品预测并将待开发产品形成图纸，这样一来，供应商就成为海尔的设计部和工厂，加快开发速度。许多供应商的厂房和海尔的仓库之间甚至不需要汽车运输，工厂的叉车直接开到海尔的仓库，大大节约了运输成本。海尔与供应商的关系从供需双方简单的买卖关系成功转型为战略合作伙伴关系，是一种共同发展的双赢策略。

任务：

试分析海尔的采购物流模式。

（二）成果展示

（1）各小组结合知识准备内容，对活动内容进行分析。

（2）每个小组的代表向同学们进行成果展示，要求语言通顺、表述清晰。

任务评价

1．小组活动评价标准

组长负责每个组员的工作过程，制定量化评价标准，总分值为30分，各项评价标准如下：

（1）态度：积极参与课堂活动，态度端正。

（2）意识：互助合作，服从组长安排，各小组成员一起分担任务和责任。

（3）展示：能参与活动展示，语言清晰，举止大方得体。

（4）效果：完成活动任务，分析准确、全面。

表2－1所示为小组成员评价意见。

表2－1　　小组成员评价表

小组名称：　　　　组长：

小组成员	态度（5分）	意识（10分）	展示（5分）	效果（10分）

2. 教师评价标准

教师负责评价每组的任务完成情况，制定量化评价标准，对工作结果进行评价。总分值最高70分。教师对小组进行评价的标准见表2－2。

表2－2　　小组评价指标

序号	评价指标	分值（分）
1	能在规定时间内小组合作完成工作任务并顺利展示，操作流程规范，岗位职责明确	60～70
2	能在规定时间内小组合作完成工作任务，能进行展示，但在操作流程规范，岗位分工等方面存在小问题	50～59
3	获得教师或其他组的帮助后能完成工作任务并进行展示	0～49

3. 教师点评

教师进行点评时，开展小组自评、组间互评，教师汇总各小组评价进行总结点评，每个学生最后得分为所在小组分值加上成员评价分值。

应用训练

走访学校总务科，了解所在学校物品的采购过程。

拓展提升

领料变送料，提高生产效率

对于非流水作业的中小企业，由车间员工到库房去领料，大家已经司空见惯，很少有人去关注这种领料方式中所隐藏的浪费，更别提从中进行利润挖掘了。三洋制冷从减少和消除生产现场和管理工作中的浪费入手，取得了良好的成效，其中由领料变更为送料的企业内部物资推动供应模式的转变，就是其中一个实例。

三洋制冷所处的溴化锂制冷行业已经进入了行业成熟期，技术、质量和服务等方面的差异已不太明显，低成本、短交货期成为竞争的焦点，也成为公司生产经营中需要重点解决的问题。为了缩短交货期，三洋制冷针对生产制造过程中的瓶颈工序，通过增加和改造设备，调整生产作业布局，改进工装夹具和降低工时等措施，提高了生产效率后，重新审视了整个生产作业流程，发现了许多不合理状况。例如，在对工时进行分析的过程中发现，和直接生产工时的减少相比，车间的领料、原材料搬运等辅助工时却在增加，抵消了为降低生产工时所做的各种努力。为此，三洋制冷进行了如下改革：

（1）将领料改成送料。针对领料方式所形成的各种弊端，三洋制冷采取了逆向思维的方法：将领料改成送料，将库房改为物资配送中心，当车间提前三天提出领料申请，物资配送中心进行配料后，按照车间要求的时间准时送到指定的工序，减少了领料等待时间。

（2）外协外购物资准时制。三洋制冷压缩周转库存，外协外购物资直接送往使用工序，以减少物资出入库所带来的搬运、保管等工作量，逐步推行准时制生产。

（3）入库的物资尽可能靠近使用场所，按使用量和使用频次等调整物资的存放位置，以减少搬运量和搬运距离。

（4）强化信息管理。三洋制冷改进领料单格式，推行计算机化的内部一票式领料单，节省了供需双方处理票据的工作量，提高了管理效率。

经统计，配送中心增加2名配送人员，却减少了车间7名技术工人的领料工作，不仅减少了各种浪费，降低了成本，而且物资配送的准确性和及时性均有非常大的提高，从而保证了进度，缩短了生产周期。这种物资供应方式彻底改变了以往传统的领料方式，不仅消除了领料中的“等待浪费”，简化了工作流程，缩短了物资供应时间，很大程度上提高了工作效率，而且如果能够在其他企业特别是中小企业内得到推广应用，将可能以此为突破口，提高企业的经营管理水平。

任务二
体验生产物流

走进蔚来汽车生产线

任务描述

同学们了解了采购物流的相关知识，大家跟随工作人员来到了生产车间，看到了可乐生产与灌装的流水线，也亲眼看到了生产车间里各式各样的大型生产设备，如介质过滤器、软化水消毒器、溶糖器、调配罐、压盖机、全自动检测仪、成品传输带等。在忙着理清这些错综复杂的管道和容器是怎么连接配合的同时，大家也不禁感叹，生产一瓶简单的饮料真的不是像喝起来那么容易。何时该进入哪个罐，何时加水，何时加哪种糖分，这里面全是科学，不允许有半点马虎。

任务目标

素质目标：

1. 培养学生分析问题和解决问题的能力
2. 培养学生理论联系实际的能力

3. 培养学生良好的团队协作精神

知识目标：

1. 掌握生产物流的内涵
2. 熟悉生产物流的类型
3. 了解生产物流的组织形式

能力目标：

1. 能描述生产物流的内涵
2. 能辨别生产物流的类型
3. 能尝试分析生产物流组织形式的优缺点

任务实施

一、知识准备

（一）认识生产物流

1. 生产物流

企业的生产物流是伴随着企业生产活动的进行而产生的，生产物流与企业生产的密切关系决定了企业的生产对生产物流的运作具有决定性的作用。因此，在了解企业生产物流之前先来了解一下生产。

生产是指投入生产活动的生产要素——劳动者、劳动对象、劳动手段和生产信息等，经过转换，产出有用产品或提供有效服务的功能，如图 2－1 所示的投入产出关系。

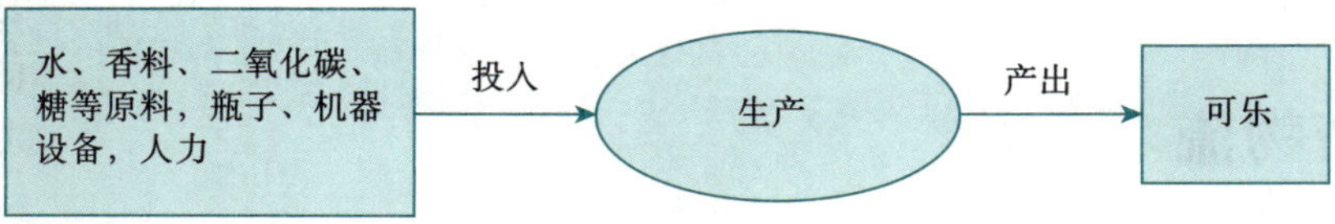

图 2－1　投入产出关系

2. 生产物流的概念

生产物流在国家标准《物流术语》中的定义是：生产企业内部进行的涉及原材料、在制品、半成品、产成品等的物流活动。

也可以说，企业生产物流是指伴随企业内部生产过程的物流活动，即按照工厂布局、产品生产过程和工艺流程的要求，实现原材料、配件、半成品等物品在工厂内部供应库与车间、车间与车间、工序与工序、车间与成品库之间流转的物流活动。

【课堂体验】 生产物流管理主要涉及哪些方面？

____

____

____

3. 生产物流的目标

（1）连续性目标。良好的企业生产物流系统应提供畅通无阻的物流流转，消除无谓的停滞，以保证生产过程顺利、高效地进行。

（2）低成本目标。减少物料搬运的数量、频率和距离，消除物料逆向、交错流动，减少搬运费用，降低成本。

（3）安全性目标。防止物料损坏、丢失，防止人身设备事故。

4. 影响生产物流的因素

不同的生产过程具有不同的生产物流。生产物流的构成取决于下列因素：

（1）生产类型。不同的生产类型，其产品品种、产品结构的复杂程度、工艺要求、精度等级以及原材料选配都有自己的要求，因而影响着生产物流的构成以及相互之间的比例关系。

（2）生产规模。所谓生产规模是指单位时间内的产品产量，单位时间一般以年为单位。生产规模越大，环节越齐全，物流量就会越大；反之，生产规模越小，生产环节越难以精细化，从而物流量就越小。

（3）专业化水平。企业专业化和社会协作化水平越高，企业内部的生产过程就越简化，物流流程就越短。比如，某些基本工艺的半成品，如毛坯、零件、部件等，可以外包，使企业得以简化物流流程。

【课堂体验】我们可以从哪些方面入手达到生产物流的目标？

____

____

____

（二）生产物流的类型

生产物流类型与决定生产类型的产品产量、品种和专业化程度有着内在的联系。因此，我们可以把划分生产物流的类型与划分生产类型看成同一个问题。

根据物料在生产工艺过程中的特点，可以把生产物流划分为项目型、连续型、离散型三种类型。

1. 项目型生产物流（固定式生产）

项目型生产物流是指当生产系统需要的物料进入生产场地后，几乎处于停止的“凝固”状态，或者说在生产过程中物料流动性不强。物流凝固分两种状态：一种是物料进入生产场地后就被凝固在场地中，和生产场地一起形成最终产品，如住宅、厂房、公路、铁路、机场、大坝等；另一种是在物料流入生产场地后，“滞留”时间很长形成最终产品后再流出，如大型的水电设备、冶金设备、轮船、飞机等。项目型生产物流在整个生产过程中物料流动性不强，管理的重点是按照项目的生命周期对各阶段所需的物料在质量、费用以及时间进度等方面进行严格的计划和控制。

2. 连续型生产物流（流程式生产）

连续型生产物流是指物料均匀、连续地进行，不能中断。生产出的产品和使用的设备、工艺流程都是固定且标准化的，工序之间几乎没有在制品储存。管理的重点是保证连续供应物料和确保每一生产环节的正常运行。由于工艺相对稳定，有条件采用自动化装置实现对生产过程的实时监控。

3. 离散型生产物流（加工装配式生产）

离散型生产物流是指在产品是由许多零部件构成的情况下，各个零部件的加工过程彼此独立。制成的零件通过部件装配和总装配最后成为产品，整个产品的生产工艺是离散的，各个生产环节之间要求有一定的在制品储备。管理的重点是在保证及时供料和零件、部件的加工质量的基础上，准确控制零部件的生产进度，缩短生命周期，既要减少在制品积压，又要保证生产的成套性。

【课堂体验】 分别为上述生产物流类型举一个例子，并说明其管理重点。

____

____

____

（三）生产物流的组织形式

企业生产物流组织的基本内容一般包括空间组织和时间组织两个部分。

空间组织是指企业依据经营目标和经营方针，确定生产系统的选址、构成、专业化程度、生产过程的组织形式以及决定生产系统各组成部分在空间上的相对位置等一系列工作，是对企业生产系统的规划和设计。

时间组织是指依据生产过程中生产物流组织的目标，确定生产对象在各生产单位的投产时间、加工顺序等，以保证生产对象在各生产单位之间的互相配合和衔接，实现有节奏、连续生产的一系列工作。

1. 生产物流的空间组织

生产物流的空间组织通常要考虑以下四个问题：包括哪些经济活动单元？每个单元需要多大空间？每个单元空间的形状如何？每个单元在设施范围内的位置如何？生产物流空间组织的目标是缩短物料在工艺流程中的移动距离。

（1）工艺专业化形式。工艺专业化形式是指在同一生产单位内，配备相同类型的设备和同工种的工人，对企业生产的各种产品进行相同工艺方法的加工。在这种情况下，加工对象需要在各生产单位之间来回运输。就服务业而言，相当于各职能部门坐等顾客上门服务，如图 2－2 所示。

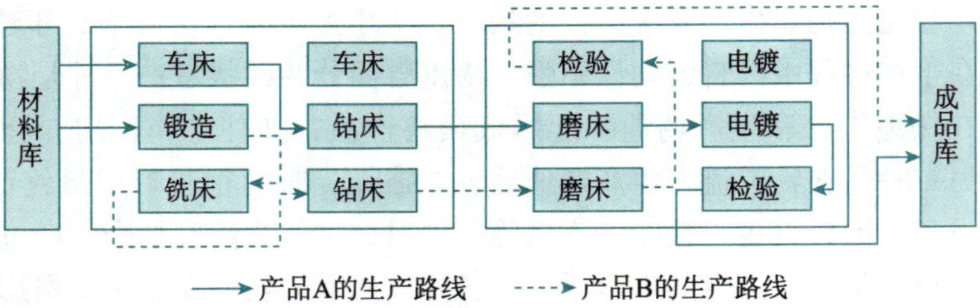

图 2－2　按工艺专业化形式组织生产物流

工艺专业化的优点：由于相同的设备集中在一起，便于充分利用设备和生产面积，提高负荷系数；在同一车间（部门）里进行相同工艺的加工，便于工艺专业化管理，有助于工人技术水平的提高；加工对象改变，不必重新布置设备和调整工艺装备，产品品种变换有较强的市场适应能力；工人完成工艺相同的加工任务，操作简单，可以缩短操作时间。

工艺专业化的缺点：产品要在不同工艺的生产单位之间进行转移，运输工作量和运输费用增大；产品在生产过程中停顿和等待时间多，生产周期长，占用流动资金较多；车间之间联系和协作关系复杂，使车间内部管理工作复杂化。

（2）对象专业化形式。对象专业化形式是指在同一生产单位里，配备制造该种产品所需要的各种设备和各工种工人，对产品实行封闭式生产。在按对象专业化原则建立的生产单位里，配备了加工某种产品（零件）所需要的全套设备、工艺装备和各有关工种的工人，从而使该产品（零件）的全部（或大部分）工艺过程可以在该生产单位内完成，如图2－3所示。

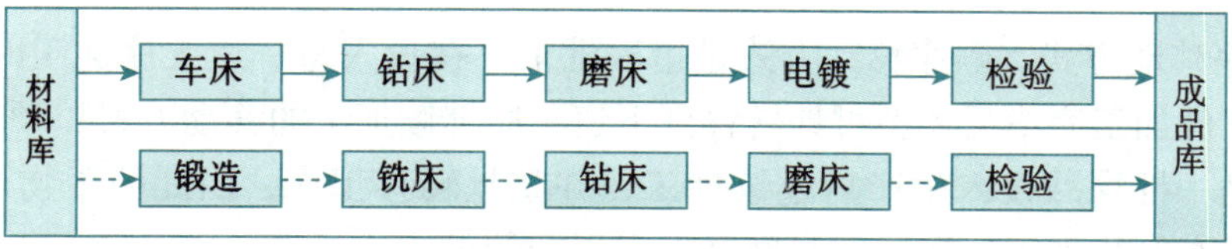

图2－3　按对象专业化形式组织生产物流

对象专业化的优点：可以大大缩短产品在加工过程中的运输距离，节省运输的人力、设备和费用，减少仓库和生产面积的占用；可以减少产品在加工过程中的停放、等待时间，缩短生产周期，减少加工过程中的在制品库存，节约资金；便于采用先进的生产组织形式，如流水线生产、生产线、成组加工单元等；减少了生产单位之间的协作联系，从而可以简化生产作业计划工作和生产控制工作。

对象专业化的缺点：对产品品种变化的应变能力比较差；不同生产单位要配备同样的生产设备，会导致设备重复配置，利用率较低；生产线速度取决于最慢的机器。

（3）成组加工形式。成组加工形式结合了上述两种形式的特点，按成组技术原理，把具有相似性的零件分成一个成组生产单元，并根据其加工路线组织设备。其主要优点是可以大大地简化零件的加工流程，减少物流迂回路线，在满足品种变化的基础上有一定的批量生产，具有柔性和适应性，如图2－4所示。

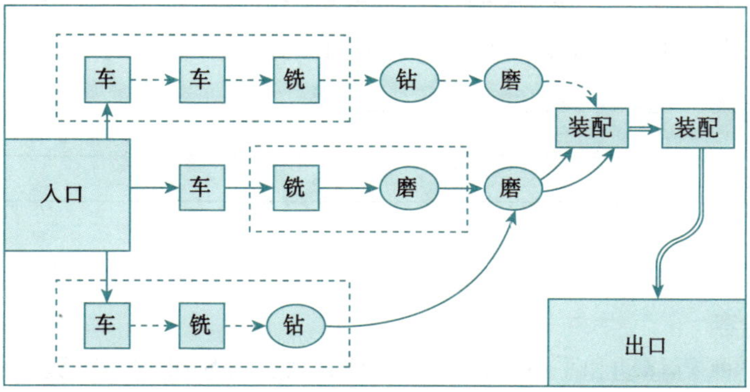

图2－4　成组加工形式组织生产物流

成组加工形式的优点是可以大大地简化零件的加工流程，减少物流迂回路线，在满足品种变化的基础上有一定的批量生产，具有柔性和适应性。

成组加工形式的缺点是需要较高的生产控制以平衡各单元之间的生产流程，如单元间流程不平衡，需中间储存从而增加物料搬运次数。

【课堂体验】 每种空间组织形式分别适用于哪些产品？

______

______

______

2. 生产物流的时间组织

生产物流的时间组织是指在生产过程中各生产单位、各道工序之间在时间上的衔接和结合方式。

（1）顺序移动方式。顺序移动方式是指一批工件在投入每一道工序加工时，都要等上道工序全部工件加工完毕后才整批地转移到下道工序继续加工的移动方式。顺序移动方式生产物流由于是一批物品投入生产后连续加工，并整批转移工序，因此便于物流的管理和组织。但是物品有等待加工、运输的时间，生产周期较长。

（2）平行移动方式。平行移动方式是指每个零件在前道工序加工完毕后，立即转移到后道工序继续加工，整批工件在各工序上进行平行交叉作业。平行移动方式生产物流是使每件物品在一道工序加工后马上转移到下道工序。因此，整批物品完成加工的生产周期最短，但运输频繁，而且，如果物品在各道工序加工的时间不等，就会出现人力、设备和工作地的等待现象。

（3）平行顺序移动方式。平行顺序移动方式是综合平行移动和顺序移动两种移动方式优点的一种结合方式。它要求一批工件在每一道工序的设备上加工时要连续进行，不仅使一批工件在各道工序上尽可能平行地加工，而且使各工序的设备中间不发生停歇等待。

影响生产物流的时间组织方式的因素如表 2－3 所示。

表 2－3　影响生产物流的时间组织方式的因素

物品移动方式	物品尺寸	物品加工时间	物品批量大小	物品空间组织形式
顺序移动	小	短	小	工艺专业化
平行移动	大	长	大	对象专业化
平行顺序移动	大	长	大	对象专业化

【课堂体验】我们生活中是否用到这些时间组织方式？

____

____

____

二、小组活动安排

（一）活动内容

以顺序移动、平行移动和平行顺序移动三种方式，分别批改一次数量相同的作业。

任务：

记录三种批改方式所用的时间，并进行对比，讨论三种不同工作方式的优缺点。

（二）成果展示

（1）各小组结合知识准备内容，对活动内容进行分析。

（2）每个小组的代表向同学们进行成果展示，要求语言通顺、表述清晰。

任务评价

1. 小组活动评价标准

组长负责每个组员的工作过程，制定量化评价标准，总分值为 30 分，各项评价标准如下：

（1）态度：积极参与课堂活动，态度端正。
（2）意识：互助合作，服从组长安排，各小组成员一起分担任务和责任。
（3）展示：能参与活动展示，语言清晰，举止大方得体。
（4）效果：完成活动任务，分析准确、全面。

表2－4所示为小组成员评价意见。

表2－4　　小组成员评价表

小组名称：　　　　组长：

小组成员	态度（5分）	意识（10分）	展示（5分）	效果（10分）

2. 教师评价标准

教师负责评价每组的任务完成情况，制定量化评价标准，对工作结果进行评价。总分值最高70分。教师对小组进行评价的标准见表2－5。

表2－5　　小组评价指标

序号	评价指标	分值（分）
1	能在规定时间内小组合作完成工作任务并顺利展示，操作流程规范，岗位职责明确	60～70
2	能在规定时间内小组合作完成工作任务，能进行展示，但在操作流程规范，岗位分工等方面存在小问题	50～59
3	获得教师或其他组的帮助后能完成工作任务并进行展示	0～49

3. 教师点评

教师进行点评时，开展小组自评、组间互评，教师汇总各小组评价进行总结点评，每个学生最后得分为所在小组分值加上成员评价分值。

应用训练

让学生上网查找有关现代生产物流管理的相关知识、案例，利用课余时间进行展示交流。

拓展提升

现代物流的管理模式

1. JIT生产方式

在20世纪后半期，整个汽车市场进入了一个市场需求多样化的新阶段，而且对质量的要求也越来越高，随之给制造业提出了新课题，即如何有效地组织多品种、小批量生产。生产过剩所引起的将是设备、人员、费用等一系列的浪费，从而影响企业的竞争能力。在这种历史背景下，1953年，日本丰田公司的副总裁大野耐一综合了单件生产和批量生产的特点和优点，创造了一种在多品种、小批量混合生产条件下高质量、低消耗的生产方式，即准时生产制（JIT 生产方式）。

JIT 生产方式的基本思想是“只在需要的时候，按需要的量，生产所需的产品”，也就是追求一种无库存或库存达到最小的生产系统，是对生产的计划和控制及库存的管理。

JIT 的基本原则是在正确的时间，生产正确数量的零件或产品。它将传统生产过程中由前道工序向后道工序送货，改为由后道工序根据“看板”向前道工序取货，看板系统是 JIT 生产现场控制技术的核心，但 JIT 不仅仅是看板管理。

JIT 生产管理方式在 20 世纪 70 年代末期从日本引入我国，长春第一汽车制造厂最先开始应用看板系统控制生产现场作业。到了 1982 年，长春第一汽车制造厂采用看板取货的零件数已达其生产零件总数的 43%。20 世纪 80 年代初，中国企业管理协会组织推广现代管理方法，看板管理被视为现代管理方法之一，在全国范围内宣传推广，并被许多企业采用。

近年来，我国的汽车工业、电子工业、制造业等实行流水线生产的企业应用 JIT 获得了明显效果，例如第一汽车制造厂、第二汽车制造厂、上海大众汽车有限公司等企业，结合厂情创造性地应用 JIT，积累了丰富的经验，创造了良好的经济效益。

JIT 这一生产方式在推广应用过程中经过不断发展完善，为日本汽车工业的腾飞插上了翅膀，提高了生产效率。这一生产方式也为世界工业界所瞩目，被视为当今制造业中最理想且最具生命力的新型生产方式之一。

2. 物料需求计划

它是一种工业制造企业内的物资计划管理模式。根据产品结构层次、物品的从属和数量关系，以每个物品为计划对象，以完工日期为时间基准倒排计划，按提前期长短区别各个物品下达计划时间的先后顺序。

其主要内容包括客户需求管理、产品生产计划、原材料计划以及库存记录。其中，客户需求管理包括客户订单管理及销售预测，将实际的客户订单数与科学的客户需求预测相结合就能得出客户需要什么以及需要多少。应注意的是，客户需求预测应是科学的预测，而不是主观的猜测或只是一个主观的愿望。

产品生产计划指的是最终生产的产品的时间和数量，这将成为决定需要多少劳动力和设备，以及需要多少原材料和资金的依据。产品生产计划应是客户需求与现有库存量比较的结果。产品生产计划要求非常准确，因为不准确的产品生产计划有可能导致资源浪费或不能满足客户的需求。

原材料计划是在产品生产计划的基础上制订的原材料需求计划，表示为生产所需要的产品而需要准备的原材料的具体情况。而在确定购买原材料之前，需要检查现有库存记录并通过比较得出实际的购买量。因此，保证库存数据的准确性尤为重要。相对于庞大而复杂的生产系统而言，物料需求计划（MRP）的制订与执行具有很高的难度，必须有强有力的计算机软、硬件系统实行集中控制，才能达到预想的效果。

物料需求计划（MRP）系统的功能目标是随时可以掌握计划状态、储存状态和供货状态，涉及多方面的计划、文件及时间上的有机衔接，因此具有一定的复杂性。

3. 制造资源计划

制造资源计划，即 MRPⅡ，是美国在 20 世纪 70 年代提出的一种现代企业生产管理模式和组织生产的方式。

MRPⅡ的基本思想是：基于企业经营目标制订生产计划，围绕物料转化，组织制造资源，实现根据需要按时进行生产。具体地说，是将企业产品中的各种物料分为独立需求物料和相关需求物料，并按时间段确定不同时期的物料需求，从而解决库存物料订货与组织生产问题；按照基于产品结构的物料需求组织生产，根据产品完工日期和产品结构制订生产计划；根据产品结构的层次从属关系，以产品零件为计划对象，以完工日期为计划基准倒排计划，按各种零件与部件的生产周期反推出它们的生产与投入的时间和数量，按提前期长短区别各种物料下达订单的优先级，从而保证在生产需要时所有物料都能配套齐备，不要过早积压，达到减少库存量和资金占用的目的。

任务三
观察销售物流

任务描述

参观完生产车间，在工作人员的带领下，大家来到了可口可乐的销售部门。在工作人员热情洋溢的讲解中，同学们了解到了销售活动中销售物流的重要性。销售物流是企业物流的最后一个环节，也是企业物流与社会物流的衔接点。它伴随着销售活动，将产品的所有权转移给用户。作为直接面对客户的一个环节，销售物流在整个企业物流活动中起着举足轻重的作用。

让我们跟随大家，一起来观察一下销售物流吧！

任务目标

素质目标：

1. 培养学生分析问题和解决问题的能力
2. 培养学生理论联系实际的能力
3. 培养学生查阅资料的基本能力

知识目标：

1. 掌握销售物流的内涵
2. 熟悉销售物流的主要环节和服务模式
3. 了解销售物流合理化及发展新趋势

能力目标：

1. 能描述销售物流的概念、服务目标及主要环节
2. 能辨别不同销售物流模式的优缺点
3. 能尝试分析销售物流合理化及发展新趋势

任务实施

思政案例
特殊商品——疫苗的物流

一、知识准备

（一）认识销售物流

1. 销售物流

销售物流是指企业在出售商品过程中所发生的物流活动（国家标准《物流术语》）。

生产企业或流通企业在出售商品时，物品在供方与需方之间的实体流动被称为销售物流。销售物流是企业物流活动的一个重要环节，它以产品离开生产线进入流通领域为起点，以送达用户并完成售后服务为终点。企业通过包装、送货、配送等一系列物流实现销售，在这个过程中，需要研究销售物流网络、送货方式、包装水平、运输路线等，以实现企业销售利润的最大化。

【课堂体验】 可口可乐公司销售物流的起点和终点分别是什么？

2. 销售物流的服务目标

销售物流的服务目标主要体现在以下四个方面：

（1）增加销售收入。销售物流服务通常是企业物流的要素，销售物流活动能提供时间和空间效用来满足客户需求，是企业物流功能的产出或最终产品。所以，提高客户服务水平，可以增加企业销售收入，提高市场占有率。

（2）提高客户的满意度。客户服务是由企业向购买其产品或服务的人提供的一系列活动。一般来说，客户关心的是购买全部产品，即不仅仅是产品的实体，还包括产品的附加值。销售物流服务就是提供这些附加值的重要活动。良好的销售物流服务能提高产品的价值和附加值，更能提高客户的满意度。

（3）留住老客户。贝恩咨询公司的研究显示，服务质量、留住客户和公司利润率之间有着非常高的相关性。物流领域高水平的顾客服务能吸引客户并留住客户，对于客户来说，频繁地改变供应来源会增加其物流成本及风险。

（4）降低销售物流成本。物流管理要求以最小的总物流成本产生最大的时间和空间效用。企业非常重视采取各种创新性的方法来降低物流成本。因此，从管理的角度来看，客户服务水平对物流系统起着制约作用，运输、仓储、订单处理等各项物流成本的增加或减少都依赖于客户所期望的服务水平，图 2 –5 所示为物流服务水平与企业销售额及物流成本的关系。

【课堂体验】 请大家谈一谈留住老客户对于企业的重要意义。

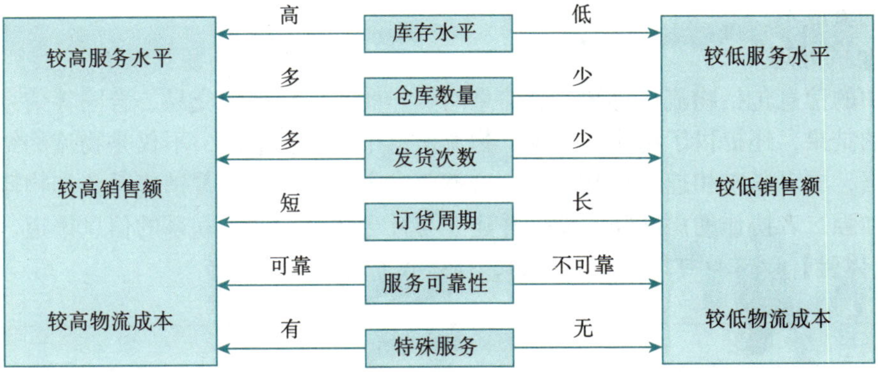

图 2－5　物流服务水平与企业销售额及物流成本的关系

（二）销售物流的主要环节

企业在产品制造完成后，需要及时组织销售物流，使产品能够及时、准确、完好地送达客户指定的地点。销售物流的主要环节包括产品包装、产品储存、选择销售渠道、产品的发送以及信息的处理。

1. 产品包装

包装既是企业生产物流系统的终点，也是销售物流系统的起点。产品包装，尤其是产成品的运输包装在销售物流过程中起到便于保护、仓储、运输、装卸搬运的作用。因此，在包装材料、包装形式上，既要考虑储存、运输等环节的方便，又要考虑材料及工艺的成本。

2. 产品储存

保持合理库存水平、及时满足客户需求，是产成品储存最重要的内容。客户对企业产品的可得性非常敏感，缺货不仅使客户需求得不到满足，还会增加企业进行销售服务的物流成本。

为了避免缺货，企业不仅可以提高自己的存货水平，而且可以帮助客户进行库存管理。当一个客户的生产线上需要流入成百甚至上千种不同的零部件时，其供应阶段的库存控制任务是非常复杂的。在这种情况下，企业帮助客户管理库存不仅十分必要，而且还能够稳定客源，便于与客户长期合作。

3. 选择销售渠道

一般有如下三种销售渠道：

（1）生产者→消费者。

（2）生产者→零售商或批发商→消费者。

（3）生产者→批发商→零售商→消费者。

在选择销售渠道时，需要考虑政策因素、产品因素、市场因素以及企业自身因素。在对上述因素进行了仔细比较研究后，还要对各销售渠道的销售量、费用、服务质量进行反复比较，找出最佳销售渠道。

4. 产品的发送

根据产品的批量、运送距离、地理条件、时间、费用、运输质量要求，以及运输工具情况制订运输、配送方案，组织产品的发送。对于第一种销售渠道，可以采用消费者直接取货或者生产者直接发货的运输方式。对于第二、第三种销售渠道，除了采用上述两种运输方式以外，企业还可以使用配送这种形式。选择合理的运输方式，有助于提高企业的客户服务水平，降低物流成本。

5. 信息的处理

流通中的信息包括物流信息和商流信息两类。商流信息中的交易、合同等信息，不仅提供了交易的结果，还提供了物流的依据。物流信息中的库存信息，不仅是物流的结果，还是商流的依据，二者紧密相连、相互交叉。这就要求企业建立和完善销售系统和物流系统的信息网络，加强二者协作的深度和广度，并建立与社会物流沟通和联系的信息渠道。

【课堂体验】 以可口可乐的销售为例，谈一谈销售物流的环节。

____

____

____

（三）销售物流的模式

销售物流有三种主要的模式：生产企业自己组织销售物流、用户自己提货和第三方物流企业组织的销售物流。

1. 生产企业自己组织销售物流模式

生产企业自己组织销售物流模式实际上是把销售物流作为企业生产的一个延伸或者看成生产的继续。生产企业销售物流成为生产者企业经营的一个环节。生产企业自己组织销售物流的好处在于：可以将自己的生产经营和用户直接联系起来，信息反馈速度快、准确程度高，信息对于生产经营的指导作用和目的性强。企业往往把销售物流环节看成是开拓市场、进行市场竞争中的一个环节，尤其在买方市场条件下，格外看重这个环节。但是销售物流系统的建立往往占用企业大量资源，对企业的核心竞争力造成影响；同时，企业自行组织的销售物流专业化程度不高，并且难以达到一定规模，从而影响物流服务质量。

2. 用户自己提货

用户自己提货实际上是将生产企业的销售物流转嫁给用户，变成了用户自己组织供应物流的形式。对销售方来讲，已经没有了销售物流的职能，在买方市场中，这样的模式已经不再符合市场的需求。

3. 第三方物流企业组织的销售物流

第三方物流企业组织的销售物流实际上是生产者企业将销售物流外包，将销售物流社会化。这种模式在当今市场上的应用非常广泛。这种模式将企业并不十分在行的销售物流环节外包出去，由专业的物流公司进行运作，让企业有更多的资源去经营核心事业。第三方物流企业可以实现规模效应，将物流服务需求整合，从而实现物流服务的优化。

【课堂体验】 请同学们谈一谈第三方物流企业组织的销售物流模式的优势。

____

____

____

（四）销售物流合理化——分销需求计划

分销需求计划（DRP）是流通领域中使用的一种物流技术，是物料需求计划在流通领域应用的直接结果，它主要负责制订分销的供应计划，以达到既有效满足市场需求，又使配置费用最小化的目的，如图 2－6 所示。

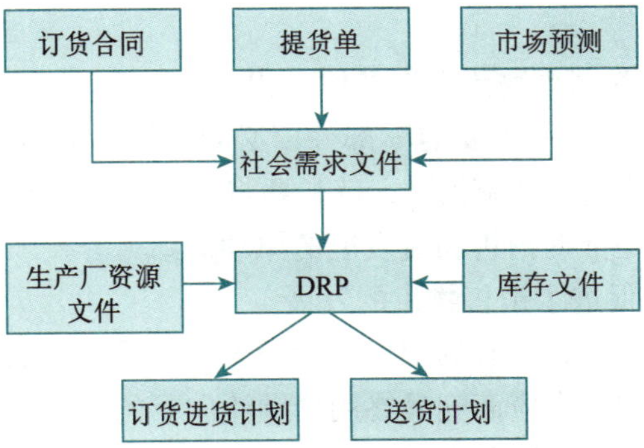

图 2－6 分销需求计划

1. 需输入的数据

（1）社会需求。社会需求文件主要包含所有用户的订单、提货单和供货合同以及下属子公司、企业的订货单。

（2）库存。库存文件是对自有库存物资的统计表。构建库存文件的目的是针对社会需求量确定必要的进货量。

（3）生产企业资源。生产企业资源文件包括可供应的商品品种和生产企业的地理位置等。地理位置之所以成为生产企业的资源性文件，是因为它与订货提前期有关。

2. 输出计划

（1）订货进货计划。订货进货计划是指生产厂商订货的计划。对于所需物资，如果仓库内无货或者库存不足，则需要向生产厂商进行订货。当然，订货时需要考虑一定的订货提前期。

（2）送货计划。送货计划是针对用户的送货计划。为了保证商品按时送达，需要考虑计划作业时间和路程远近，提前一定时间开始作业。对于大批量需求可实行直送，而对于数量众多的小批量需求则可进行配送。

【课堂体验】 请同学们用自己的话谈一谈对分销需求计划的理解。

____

____

____

（五）销售物流发展新趋势

销售物流的发展趋势可以归纳为信息化、网络化、自动化、准时制、共享化供应链管理、共同配送等。

1. 信息化、网络化是现代销售物流的基础

信息化是现代物流发展的基础，没有物流的信息化，任何先进的技术装备都无法用于物流领域，信息技术在物流中的应用将会彻底改变世界物流的面貌，一些新的物流信息技术在未来的物流中将会得到普遍采用。网络化是指物流配送系统的组织网络和信息网络体系。

2. 自动化能提高销售物流的效率

自动化的基础也来源于信息化，其核心是机电一体化，其外在表现是无人化，效果是省力化。此外，物流自动化的效果还有：扩大物流作业能力、提高劳动生产率、减少物流作业

的差错事故率。

3. 准时制生产方式成为销售物流发展的原动力

准时制（JIT）要求将生产所需要的零部件以必要的数量在规定的时间送到生产线，做到恰到好处。而 JIT 应用到现代物流领域，就是要将正确的数量在正确的时间送到正确的地点，这种生产方式的运用是推动销售物流发展的原动力。

4. 共享化供应链管理促进了销售物流的发展

供应链管理是以最终客户为中心的现代营销观念取代了传统的以生产和产品为中心的观念而产生的。供应链是从初始供应商到最终用户顺流向下的产品和服务的传递过程。它将供应链管理中涉及的众多供应商，以及众多的客户组成一个"供应网络"，通过这个网络中各有关方面的协作配合，以最低成本为客户提供销售和物流服务。

5. 共同配送中心是销售物流的崭新模式

配送是现代物流系统的终端，是由集货、配货和送货三个环节有机结合而成的，它直接面对服务对象，配送的水平和质量可以直观而具体地反映销售物流的功能发挥程度。共同配送中心更可以发挥资源共享、管理共用的优势，使销售物流达到物尽其用和货畅其流的效果，这是我国普遍存在的仓储式运输型物流企业所不能比拟的。

【课堂体验】谈一谈面对销售物流发展的新趋势，我们应该从哪些方面提高自己的能力。

____

____

____

二、小组活动安排

（一）活动内容

天猫没有自己的物流系统，物流全靠第三方物流商的支撑，主要是三通一达以及 EMS，商家的货物如果不在本省到货需三天左右，偏远地区到货时间更长。京东的物流是自己建的，全国大部分城市内设有物流配送中心，基本能当日送达。

任务：

描述京东商城与天猫物流的区别，分析各自的优缺点。

（二）成果展示

（1）各小组结合知识准备内容，对活动内容进行分析。

（2）每个小组的代表向同学们进行成果展示，要求语言通顺、表述清晰。

任务评价

1. 小组活动评价标准

组长负责每个组员的工作过程，制定量化评价标准，总分值为 30 分，各项评价标准如下：

（1）态度：积极参与课堂活动，态度端正。

（2）意识：互助合作，服从组长安排，各小组成员一起分担任务和责任。

（3）展示：能参与活动展示，语言清晰，举止大方得体。

（4）效果：完成活动任务，分析准确、全面。

表 2－6 所示为小组成员评价意见。

表 2－6　　小组成员评价表

小组名称：　　组长：

小组成员	态度（5 分）	意识（10 分）	展示（5 分）	效果（10 分）

2. 教师评价标准

教师负责评价每组的任务完成情况，制定量化评价标准，对工作结果进行评价。总分值最高 70 分。教师对小组进行评价的标准见表 2－7。

表 2－7　　小组评价指标

序号	评价指标	分值（分）
1	能在规定时间内小组合作完成工作任务并顺利展示，操作流程规范，岗位职责明确	60～70
2	能在规定时间内小组合作完成工作任务，能进行展示，但在操作流程规范，岗位分工等方面存在小问题	50～59
3	获得教师或其他组的帮助后能完成工作任务并进行展示	0～49

3. 教师点评

教师进行点评时，开展小组自评、组间互评，教师汇总各小组评价进行总结点评，每个学生最后得分为所在小组分值加上成员评价分值。

应用训练

以鲜花销售物流为例，分析销售物流渠道构建时应考虑的因素。

拓展提升

青岛啤酒销售物流外包，提高保鲜度

“我们要像送鲜花一样送啤酒，把最新鲜的啤酒以最快的速度、最低的成本让消费者品尝。”这是青岛啤酒的目标。为此，青岛啤酒股份有限公司与中国香港招商局共同出资 200 万元组建了青岛啤酒招商物流有限公司，双方开始了物流领域的全面合作。有趣的是，尽管是合作，青岛啤酒却得以完全从自己并不在行的领域里抽身。青岛啤酒将自己的运输配送体系“外包”给招商物流。因此，招商物流与青岛啤酒合作，仅输出管理，先后接管青岛啤酒的公路运输业务和仓储、配送业务，并无任何硬件设施的投资。

自从合作以来，青岛啤酒运往外地的速度比以往提高 30% 以上，山东省内 300 千米以内区域的消费者都能喝到当天的啤酒，300 千米以外区域的消费者也能喝到出厂当天的啤酒。通过销售物流外包，青岛啤酒不断让客户喝上更新鲜的啤酒，也使啤酒的运送成本得以大幅下降，企业利润大幅度提高。这一合作模式是第三方物流服务的典型案例。

任务四
知晓企业物流

任务描述

参观了可口可乐公司，体验了采购物流、生产物流和销售物流，同学们学到了很多知识，对于生产企业的物流有了初步了解。大家在老师的带领下对参观的内容做了一个总结，对企业物流的相关知识做了梳理，让我们一起听听吧。

任务目标

素质目标：

1. 培养学生分析问题和解决问题的能力
2. 培养学生逻辑表达能力
3. 培养学生查阅资料的基本能力

知识目标：

1. 掌握企业物流的概念及特征
2. 熟悉企业物流的分类
3. 了解企业物流的合理化

能力目标：

1. 能陈述企业物流的内涵
2. 能区分生产企业物流与流通企业物流
3. 能尝试分析企业物流的合理化

任务实施

格力公司供应链物流管理

一、知识准备

（一）认识企业物流

企业物流是指生产企业和流通企业围绕其经营活动所发生的物流活动（国家标准《物流术语》）。

企业物流本质上就是生产和流通企业在其生产经营过程中，从采购原材料开始到制成最终产品销售到消费者手中所发生的物流活动，包括供应链物流、生产物流、销售物流等活动，如图 2－7 所示。企业物流是与社会物流相对应的。企业物流和社会物流本质的不同之处就是企业物流是实现加工附加价值的经济活动，而社会物流是实现时间价值和空间价值的经济活动。

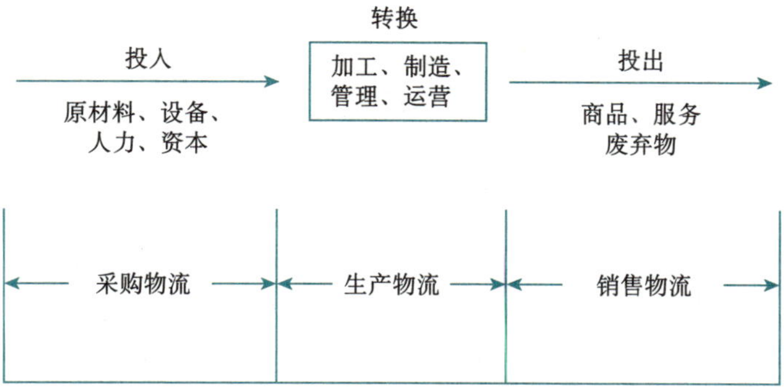

图 2－7 企业经营相对应的物流活动

（二）现代企业物流的特征

（1）现代企业物流与生产密不可分。企业物流与生产流程、生产工艺融为一体，如现代汽车和家电生产企业中各种自动化生产线、装配线上的坯料、工件、配件、组装件的运达和配送、柔性加工制造系统等，因此物流系统的流量、流速及作业质量都直接与生产的速率及质量相关。

（2）现代企业物流结构的多样性。现代企业物流已不是独立或自我封闭的系统，而是与社会物流分工的交叉或角色互换，如第三方物流企业、生产企业自营的物流公司的企业内外部物流业务，尤其是集成供应链模式下的企业物流与社会物流在物流系统的规划、决策、计划、实施、控制、管理等方面的完全一体化。

（3）与社会物流的相互依存。现代制造企业物流的现代化程度直接影响社会物流的效率，而社会物流的现代化对现代制造企业的供应物流和销售物流起着制约作用，两者互为前提、互为影响、互为制约、互为促进。

【课堂体验】 结合几个任务所学的内容，谈谈现代企业物流包含哪些方面。

____

____

____

（三）企业物流的分类

企业按其业务性质不同可分为两类，即生产企业和流通企业。因此，企业物流也可以相应分为生产企业物流和流通企业物流。本书以生产企业物流为重点来讲述企业物流。

1. 生产企业物流

生产企业物流是以购进生产所需要的原材料、设备为起点，经过劳动加工，形成新的产品，然后供应给社会需要的部门为止的全过程。这一过程要经过原材料及设备采购的供应阶段、生产阶段、销售阶段，这三个阶段便产生了生产企业纵向上的三种物流形式，即采购物流、生产物流和销售物流。

（1）原材料及设备采购供应阶段的物流。这是企业为组织生产所需要的各种物资供应而进行的物流活动。它包括组织物资生产者将物资送达本企业的企业外部物流和从本企业仓库将物资送达生产线的企业内部物流，如图 2－8 所示。

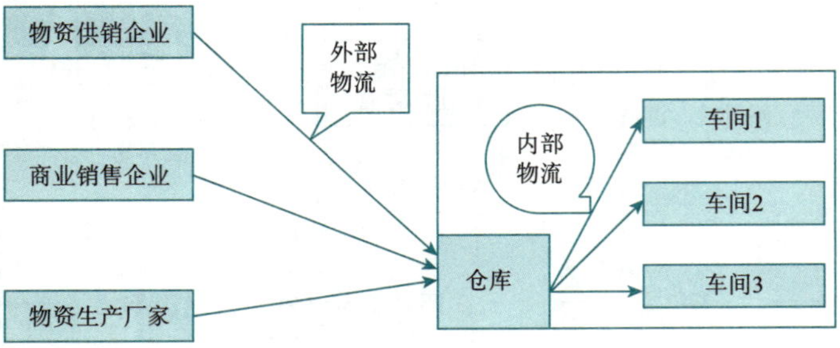

图2－8　原材料及设备采购供应阶段的物流

（2）生产阶段的物流。生产阶段的物流是指企业按生产流程的要求，组织和安排物资在各生产环节之间进行的内部物流。生产阶段的物流主要包括：物流的速度，即物资停顿的时间尽可能地缩短，周转尽可能地加快；物流的质量，即物资损耗少、搬运效率高；物流的运量，即物资的运距短，无效劳动少等方面的内容，如图2－9所示。

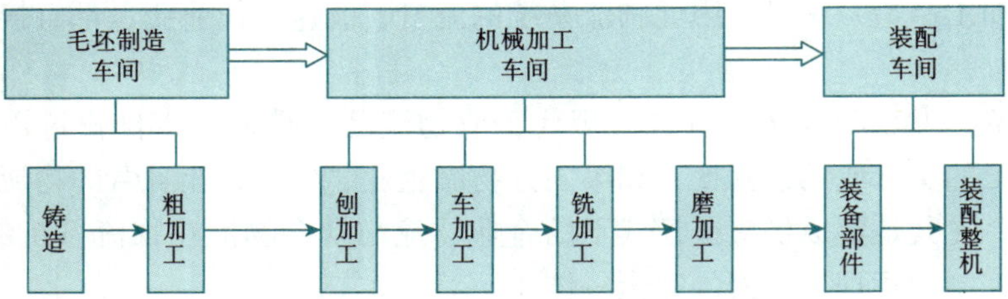

图2－9　生产阶段物流

（3）销售阶段的物流。销售阶段的物流是企业为实现产品销售，组织产品送达用户或市场供应点的外部物流。商品生产的目的在于销售，能否顺利实现销售，是关系到企业经营成果的大问题。销售物流对工业企业物流经济效果的影响很大，应当成为企业物流研究和改进的重点。

2. 流通企业物流

流通企业物流是指从事商品流通的企业和专职从事实物流通的企业的物流。

（1）批发企业的物流。批发企业的物流是指以批发据点为核心，由批发经营活动所派生的物流活动。这一物流活动对于批发的投入是组织大量物流活动的运行，产出是组织总量相同的物流对象的运出。在批发据点中的转换是包装形态及包装批量的转换。

（2）零售企业的物流。零售企业物流是指以零售商店据点为核心，以实现零售销售为主体的物流活动。零售企业的类型有：一般零售企业、连锁型零售企业、直销企业等。在一般零售企业销售中，大件商品多采用送货和售后服务，大部分小件商品的物流则是由用户自己来完成。连锁型零售企业物流的特点是由配送中心集中供货的物流，且大多数由本企业的共同配送中心完成。直销企业物流重点集中于销售物流，但因直销企业目前经营品种较少，故企业内部的物流相对比较简单。

（3）仓储企业的物流。仓储企业是以储存业务为主要营利手段的企业。仓储企业的物流是以接运、入库、保管保养、发运或运输为流动过程的物流活动，其中储存保管是其主要的物流功能之一。

（4）配送中心的物流。配送中心是集储存、流通加工、分货、拣选、运输等为一体的综合性物流过程。

配送中心是在市场经济条件下，以加速商品流通和创造规模效益为核心，以商品代理和配送为主要功能，集商流、物流、信息流于一体的现代综合流通部门。

【课堂体验】企业物流和社会物流是否可以相互转化？

（四）企业物流的合理化

1. 建立物流信息系统，提供物流管理平台

现代化的管理主要体现在物流信息化的开发与应用上。物流管理信息化的必备条件主要有三点：

（1）具有一套完整的物流信息管理系统，为物流运作提供电子化管理。

（2）具有一个能快速、方便、安全、可靠地交换数据的方法，即电子数据交换平台。

（3）为用户提供个性化的物流信息服务。为此，企业应加大投入，建立计算机支持的物流信息系统。

2. 不断改进物流过程，增加新的服务内容

（1）实现库存合理化。库存水平在很大程度上影响着物流成本的高低。企业应在保证供应的前提下，尽量降低库存水平，争取达到“零库存”。沃尔玛公司通过与供应商的计算机化连接，让供应商对沃尔玛的商品货架进行补充。沃尔玛为供应商提供货架空间，并且在商品售出后向供应商付款。对于这些商品，沃尔玛实现零储存费。

（2）优化运输。研究表明，运输成本一般占商品总成本的10%左右。如果缺乏优化控制、运输路线过长、运输批量过小或采用运输成本过高的运输方案，就会造成运输成本的直线上升。因此，应制定合理的运输批量，选择经济的运输路线和运输方案，以节约运输成本。

（3）增加物流服务的内容，让顾客“参与”物流。例如，基地设在旧金山的美国哈波尔公司，是一家拥有4.3亿美元资产的运输公司。尽管它并没有自己的轮船或飞机，但却向全世界的顾客销售和运输商品。哈波尔深受顾客欢迎的原因就在于它提供了一个吸引力很强的服务系统。在这个系统中，顾客被授权通过联机直接进入哈波尔公司的数据库，随时了解货物运送的时间、目前的地点，并可对运输状况提出自己的改进建议。

（4）建立科学、合理、优化的配送网络和配送中心。产品能否通过供应链快速地到达目的地，这取决于物流配送网络的健全程度。缺乏健全的配送网络，电子商务也只是纸上谈兵，不可能取得真正的成功。

3. 实行企业物流全部或部分分离或外包

企业应打破自办物流的传统观念，树立第三方物流理念，积极寻求与第三方物流提供者合作。其优势在于：从库存方面来看，使用“第三方仓库”一方面可以节省资金投入，减轻企业财务方面的压力；另一方面也降低了企业的投资风险。如对季节性生产而言，因为需求的季节性，生产往往提前于消费季节，并能根据市场反馈及时进行生产调整，生产计划具有很大的灵活性，这样的话，对仓储活动的需求也是季节性的，企业可以根据市场形势的变

化自由地进行仓库租赁的决策。因此，第三方物流不仅能够减少对仓储活动的投资，还能提高对市场的反应能力。此外，第三方物流能够提供精心策划的物流计划和适时装运的手段，最大限度地减少企业库存，甚至实现“零库存”，从而大大降低成本。

4. 设立专门的物流管理部门，进一步完善企业物流体制

一般来说，现代企业的物流管理部门应实现如下业务：

（1）采购：采购方式、采购谈判、供应商管理等。

（2）仓储设施：仓库数量与地点的选择、仓库的类型与设备的选择。

（3）库存管理：库存数量的决策、库存物品的保管。

（4）物料处理：物料的分装与拣选、包装材料的选择。

（5）运输：运输方式的决策、路线的选择、时间安排等，包括采购运输与销售运输。

（6）信息管理：与物流有关的信息管理。

（7）供应计划：根据生产需求供应原材料。

这些业务大多数早已客观存在，只是分属于各个职能管理部门，如物资供应部门、运输部门、市场营销部门等，可以对这些业务进行重组，统一到物流部门实行系统管理。在物流重组中，要求企业对从原材料进厂、中间过程存储到最终产品出厂交给用户的物流全过程，统一实施计划、组织、控制和管理，形成企业内部物流一体化。为此，企业要成立专门的物流管理机构，行使产前、产中、产后的物流管理职能，并对供应链实施具体的规划设计和组织管理。

【课堂体验】 对于企业物流合理化，谈谈你的看法。

____

____

____

二、小组活动安排

（一）活动内容

安吉物流集团公司在数年的发展壮大过程中，成功实现了三次飞跃：1996 年 4 月，从一个汽车队发展成为五粮液汽车运输公司，公司由一支服务于五粮液酒厂的货运车队组成，第一次获得了独立的法人地位，成功实现第一次飞跃；2002 年 12 月，从五粮液汽车运输公司发展成为五粮液安吉物流公司，公司踏上了由传统道路运输企业向现代物流企业转变的征程，成功实现第二次飞跃；2005 年 8 月，公司组建宜宾安吉物流集团有限公司，按照组织结构扁平化的原则对原有机构进行调整，形成一支精干高效的队伍，增强了对市场的快速反应能力，成功完成第三次飞跃。

2019 年上榜中国服务业企业 500 强，排名第 469 名；2020 年 6 月 9 日，荣获“四川省优秀服务业企业”；2021 年 7 月 12 日，入选商务部等 8 部门公布的第一批全国供应链创新与应用示范企业名单；2021 年 12 月 15 日，获“四川省企业数字化转型优秀成果”奖。2021 年 12 月 29 日，入选“2021 四川企业 100 强”名单。

通过 40 余年的发展，公司已发展成为集水陆联运、公路快运、城际配送、仓储服务、物流信息化管理、国际货代、物流方案策划、供应链管理为一体的 5A 级综合性现代物流企业集团。

任务：

结合案例，分析企业物流与物流企业的区别和联系。

（二）成果展示

（1）各小组结合知识准备内容，对活动内容进行分析。

（2）每个小组的代表向同学们进行成果展示，要求语言通顺、表述清晰。

任务评价

1．小组活动评价标准

组长负责每个组员的工作过程，制定量化评价标准，总分值为 30 分，各项评价标准如下：

（1）态度：积极参与课堂活动，态度端正。

（2）意识：互助合作，服从组长安排，各小组成员一起分担任务和责任。

（3）展示：能参与活动展示，语言清晰，举止大方得体。

（4）效果：完成活动任务，分析准确、全面。

表 2－8 所示为小组成员评价意见。

表 2－8　　小组成员评价表

小组名称：　　　　组长：

小组成员	态度（5 分）	意识（10 分）	展示（5 分）	效果（10 分）

2．教师评价标准

教师负责评价每组的任务完成情况，制定量化评价标准，对工作结果进行评价。总分值最高 70 分。教师对小组进行评价的标准见表 2－9。

表 2－9　　小组评价指标

序号	评价指标	分值（分）
1	能在规定时间内小组合作完成工作任务并顺利展示，操作流程规范，岗位职责明确	60～70
2	能在规定时间内小组合作完成工作任务，能进行展示，但在操作流程规范，岗位分工等方面存在小问题	50～59
3	获得教师或其他组的帮助后能完成工作任务并进行展示	0～49

3．教师点评

教师进行点评时，开展小组自评、组间互评，教师汇总各小组评价进行总结点评，每个学生最后得分为所在小组分值加上成员评价分值。

应用训练

让每位同学阅读一本关于企业物流的书籍，让学生进一步学习企业物流的相关知识。

拓展提升

第四方物流助力美的降低流通成本，提高竞争力

目前，国内第四方物流企业正处于逐渐成熟阶段，供应链和物流技术深入人心，但核心的问题仍然是“软”技术。业内常常有人用医生看病流程来形容第四方物流企业的定位，“病人找医生看病，医生开了处方，然后病人拿着处方去药店抓药”，如果第三方物流是药店，而供应链服务公司——第四方物流企业则是开处方的医生。

美的集团在经过虚拟物流中心、自建第三方物流企业之后，通过建立供应链物流企业对企业物流活动进行全方位整合，标志着美的公司以高效高质、低成本和先进的信息技术支持提供全方位最佳的客户物流服务，在全国范围内实现了产销信息的共享。

通过供应链物流公司信息平台，将美的原有的100多个仓库精简为8个区域仓，完美的配送使美的产品在8小时内可以运到，美的集团流通环节的成本降低了15%～20%。

与此同时，从市场到工厂生产的信息传递链条大大缩短，各事业部更有效地实现了订单生产，减少了生产环节的浪费——靠制造环节降低产品成本，以降低物流成本实现收入的增加。

围绕效益这个考核的第一标准，美的展开了名为“供应链整合”的管理创新活动。各事业部内采用“成本倒逼法”，从产品最后的售价，推导出各环节的成本。在原材料采购环节，通过网上公开招标投标，杜绝了暗箱操作带来的成本黑洞；在制造环节，进行技术改造，提高合格率，降低消耗。降低成本往往在设计环节中就开始了。成本降低了，产品的竞争力上去了，在家电争夺战中美的始终走在国内第一方阵，避免被市场淘汰。

现在，美的公司总部的主要工作集中在规划和整合方面。将仓库管理、运输管理及具体运作权下放到少数几家优秀的第三方物流公司，美的公司总部只负责日常的协调监督和以下几方面的工作。先进的物流规划——针对物流和零售发展趋势，如电子商务、现代零售业态的飞速发展等。探讨实践应对策略和方案：物流规范及流程改进；物流趋势分析；物流管理信息化、网络化；电子商务等的策划与实施；集团IT系统发展——在物流完善的情况下，依重要次序，开始相关环节的供应链整合，如计划预测衔接、客户服务衔接等。

回味与思考

一、单项选择题

1. 采购物流是指企业提供原材料、零部件或其他物品时发生的（　　）。

A. 实体流动　　　　B. 资金流动

C. 信息流动　　　　D. 所有权流动

2. 企业生产过程中涉及原材料、在制品、半成品、产成品等的物流活动是（　　）。

A. 采购物流　　B. 生产物流
C. 销售物流　　D. 回收物流

3. 选择合理的运输方式将所采购物品运输到指定地点，并进行入库验收是采购物流中的（　　）环节。

A. 制订采购计划　　B. 采购
C. 组织厂内物流　　D. 组织到厂物流

4. 企业在出售商品过程中所发生的物流活动是（　　）。

A. 采购物流　　B. 生产物流
C. 销售物流　　D. 回收物流

5. 生产企业和流通企业围绕其经营活动所发生的物流活动是（　　）。

A. 采购物流　　B. 生产物流
C. 销售物流　　D. 企业物流

二、多项选择题

1. 生产企业将物品分为（　　）。

A. 产品材料　　B. 转卖品
C. 非产品材料　　D. 生活资料

2. 以下属于生产物流目标的有（　　）。

A. 连续性目标　　B. 低成本目标
C. 快速性目标　　D. 安全性目标

3. 以下属于销售物流服务目标的有（　　）。

A. 增加销售收入　　B. 提高客户的满意度
C. 留住老客户　　D. 降低销售物流成本

4. 分销需求计划的输入包括（　　）。

A. 社会需求　　B. 库存
C. 生产企业资源　　D. 订货进货计划

5. 下列属于现代企业物流特征的有（　　）。

A. 现代企业物流与生产密不可分　　B. 企业物流的独立性
C. 与社会物流的互依性　　D. 现代企业物流结构的多样性

三、判断题

1. 采购是企业物流管理的起始点，最初的采购活动成功与否直接影响到企业生产、销售最终产品的定价情况和整个供应链的最终获利情况。（　　）

2. 非产品材料是指直接进入产品的生产用的原材料、零部件以及半成品等。（　　）

3. 生产物流类型与决定生产类型的产品产量、品种和专业化程度有着内在的联系。（　　）

4. 包装是企业生产物流系统的终点，也是销售物流系统的起点。（　　）

5. 企业物流和社会物流一样是“实现时间价值和空间价值的经济活动”。（　　）

四、简答题

1. 采购物流的基本环节有哪些？
2. 影响生产物流的因素有哪些？
3. 生产物流的空间组织形式有哪些？
4. 销售物流的主要环节有哪些？
5. 现代企业物流的合理化有哪些方法？

项目三

3 体验物流作业

安踏物流作业流程

任务一 体验仓储作业

任务描述

担任学校一年级“物流基础”课程教学的王老师，根据教学计划带领学生参观学校校外实训基地——中百物流配送有限公司。同学们的好奇心从进入仓库的那一瞬间开始被完全激发了，“仓库里有哪些物流设施设备”“仓库划分了哪些作业区域，每个区域的功能是什么”“仓储作业流程主要有哪些”“货品是怎样入库、出库的”……大家叽叽喳喳，你一句我一句地围着工作人员问东问西，在工作人员和老师的带领下同学们对物流企业仓储活动有了比较全面的了解。

同学们在你一言我一语中显示出了大家对物流仓储业务的好奇，那到底仓储作业流程是怎样的？仓库有哪些类型？那就让我们体验仓储作业吧。

任务目标

素质目标：

1. 培养学生分析问题和解决问题的能力
2. 培养学生逻辑表达能力
3. 培养学生查阅资料的基本能力

知识目标：

1. 了解生活中的仓储
2. 掌握仓库的类型
3. 熟悉仓储作业流程

能力目标：

1. 能描述仓储活动的组成
2. 能识别仓库的类型
3. 能初步分析仓储作业流程

任务实施

耐克的绝密仓库

一、知识准备

（一）认识生活中的仓储

生活中善于观察，就会发现仓储活动无处不在。家中衣橱、冰箱、鞋柜、储藏室等的使用就是常见的仓储活动，其实在我们日常生活中每天都在进行仓储活动。衣橱、冰箱、鞋柜、储藏室作为存放物品的空间，就是简易的各种仓库。以冰箱为例，一般都有冷藏、冷冻等区域，这就是仓库的不同分区；根据物品的特点和季节变化，控制合适的温度存放物品，这就是对货物的保管；有的物品不能存放，有些物品不能存放在一起，各种物品有合理的摆放顺序，这就是仓储管理；如有的食物在食用前几小时，可以先把冰冻食物从冷冻室里“转移”到冷藏室里，从而达到省电的目的，这是移库管理；每天放入或拿出物品，这就是货物的进出库……

【课堂体验】 请描述仓储活动由哪些内容组成？

____

____

____

（二）仓库的类型

仓储活动的主体设施是仓库，按不同的标准有不同的分类，如表 3－1 所示。

表 3－1　　仓库类型

分类标准	名称	含　义
按用途分类	自有仓库	企业为了保管自有物品（原料、半成品、产成品等）而建设的仓库
	营业仓库	取得专业营业执照的企业为社会提供仓储服务而建设的仓库
	公共仓库	国家或某个主管部门为了社会公共利益而建设的仓库
按仓库功能分类	生产仓库	为生产企业储存原材料、燃料及产品的仓库
	储备仓库	专门长期储存各种储备物资的仓库
	中转型分货仓库	兼具中转和分货两种功能的仓库
	加工型仓库	以流通加工为主要目的的仓库
按建筑物构造分类	平房仓库	建筑物是平房，结构简单，有效高度一般不超过 5～6 米的仓库
	多层仓库	建筑物为两层以上，用钢筋混凝土建造的仓库
	高层货架仓库	利用高层货架，使用托盘或货箱存储货物、自动存取设备进行作业的仓库
按仓库保管条件分类	普通仓库	用于存放的货物无特殊保管要求的仓库
	冷藏仓库	用于存放的货物要求冷藏的仓库
	恒温仓库	用于存放的货物要求恒温的仓库
	危险品仓库	用于存放易燃、易爆、有毒、有害物资等危险品的仓库

除以上分类外，还有很多分类方式，如按选址不同，可以分为港口仓库、内陆仓库和枢纽站仓库等。

【课堂体验】 通过查阅资料，请描述普通仓库、冷藏仓库及恒温仓库各有什么特点？

____

____

____

仓储与货物分拨系统演示

（三）仓储作业流程

仓储作业流程一般由入库作业、在库作业和出库作业三个阶段组成，如图 3－1 所示。

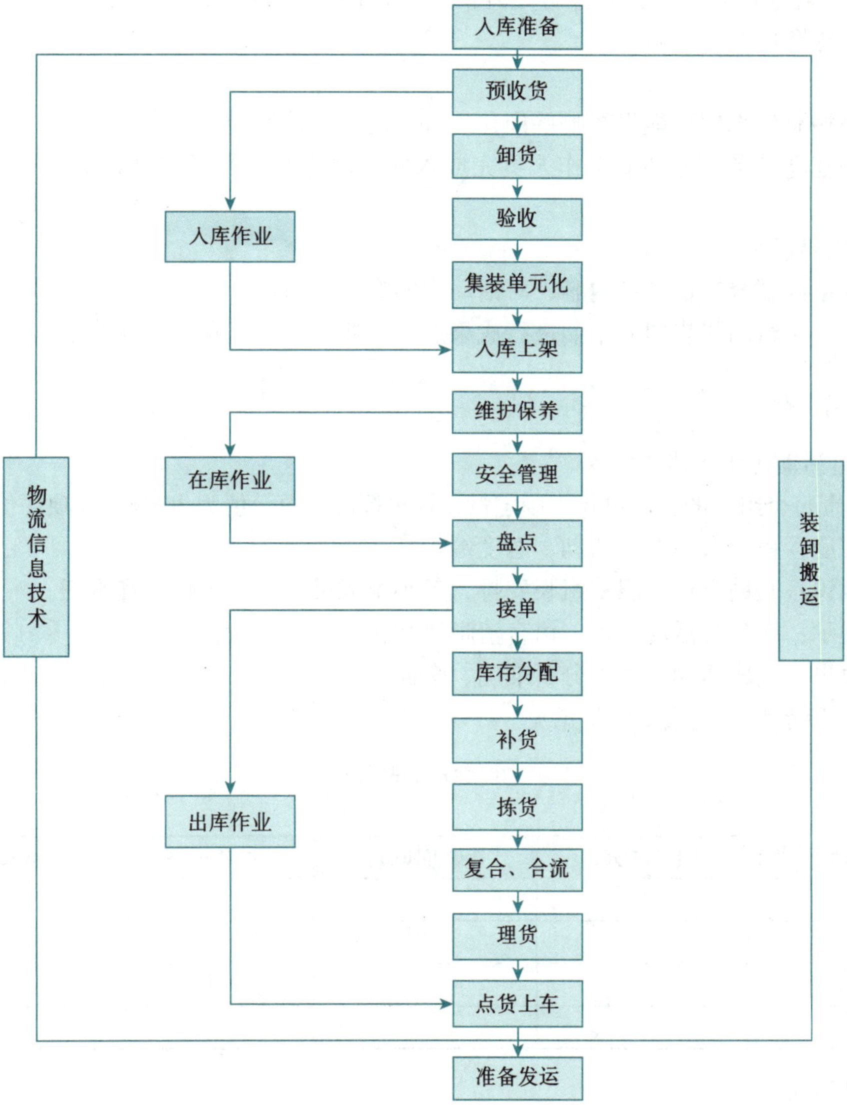

图 3－1　仓储作业流程

【课堂体验】请结合仓储作业流程，说说信息在作业过程中的作用是什么？

____

____

____

二、小组活动安排

（一）活动内容

上海某国有大型物流企业，主营业务为仓储、运输、配送和项目物流等，经营范围覆盖全国大部分地区。目前，该公司在上海市设立了一个物流中心，物流中心主要开展除易燃易爆危险品、有毒货品以及生鲜货品等之外的普通商品的存储、保管、装卸搬运、流通加工、长途干线运输等业务。

任务：

1. 该公司仓储部门可能设置哪些岗位，并描述各岗位职责。

2. 请描述仓储各作业环节工作人员完成入库、出库和退货的作业流程，并尝试制定作业规范。

（二）成果展示

（1）各小组结合知识准备内容，对活动内容进行分析。

（2）每个小组的代表向同学们进行成果展示，要求语言通顺、表述清晰。

任务评价

1. 小组活动评价标准

组长负责每个组员的工作过程，制定量化评价标准，总分值为 30 分，各项评价标准如下：

（1）态度：积极参与课堂活动，态度端正。

（2）意识：互助合作，服从组长安排，各小组成员一起分担任务和责任。

（3）展示：能参与活动展示，语言清晰，举止大方得体。

（4）效果：完成活动任务，分析准确、全面。

表 3－2 所示为小组成员评价意见。

表 3－2　小组成员评价表

小组名称：　　　　　　　　　　　　　　　　　　组长：

小组成员	态度（5 分）	意识（10 分）	展示（5 分）	效果（10 分）

2. 教师评价标准

教师负责评价每组的任务完成情况，制定量化评价标准，对工作结果进行评价。总分值最高 70 分。教师对小组进行评价的标准见表 3－3。

表 3-3 小组评价指标

序号	评价指标	分值（分）
1	能在规定时间内小组合作完成工作任务并顺利展示，操作流程规范、岗位职责明确	60～70
2	能在规定时间内小组合作完成工作任务，能进行展示，但在操作流程规范，岗位分工等方面存在小问题	50～59
3	获得教师或其他组的帮助后能完成工作任务并进行展示	0～49

3. 教师点评

教师进行点评时，开展小组自评、组间互评，教师汇总各小组评价进行总结点评，每个学生最后得分为所在小组分值加上成员评价分值。

应用训练

（1）安排学生参观物流企业，或上网查找有关物流企业仓储作业的小知识、小案例，利用课余时间进行交流。

（2）展示部分知名物流企业的相关案例，让学生能多方面地了解物流企业仓储活动。

拓展提升

KT 公司的仓库 6S 管理

KT 仓储管理公司是一家集仓储服务、仓储管理输出服务、运输及货代服务于一体的综合物流服务集团。为货主企业提供专业化的仓储服务是公司的主要业务。

一、KT 公司仓储管理的内容

仓储管理的流程主要包括物品验收、入库存放、保管与抽查、领发物资、盘点、记账、建档等内容。KT 公司严格遵守库存管理规则，实现库存商品的分区和定位管理，制作配置图贴在仓库入口处，注意仓储区的温湿度要求，确保防水、防火、防盗等设施的使用，保障商品安全。在商品储存货架上设置存货卡，采取色彩管理法，每周或每月以不同颜色的标签明显区别进货日期。仓储存取货最大限度地做到随到随存、随需随取，同时制定标准的作业时间规定。

二、KT 公司的仓储质量管理

仓储质量管理是指为了实现仓储产品的质量特征所开展的计划、组织、控制和协调活动。需要满足两方面的要求：一方面，满足供应商的要求，因为仓储的结果，必须使供应商的产品能保质保量地转移给用户；另一方面，满足用户的要求，即按用户要求完成商品的送交任务。仓储质量管理的目的是在“向用户提供满足要求的质量服务”和“以最经济的手段来提供”两者之间找到一条优化的途径，同时满足这两个要求。从这个意义上来讲，仓储质量管理也可以理解为“用经济的办法，向用户提供满足其要求的仓储质量的方法体系”。

KT 公司在仓储质量管理中遵循“全面管理”“预防为主”“从细节入手”的基本原则，对储存物资的质量、服务质量、储运工作质量和仓储工程质量进行了系统管理。以仓储产品的质量为中心，以最优的质量、最佳的服务、最低的消耗，满足客户的各种需求，运用合理的组织体系和科学的管理方法，动员、组织各部门和全体员工共同努力，提高仓储产品质量。采取严格的质量责任制，通过事先控制、以防为主的方式来保证质量，形成质量管理和质量保证的系统。以事先的要求、事先的检查、事先的防范进行管理，确保达到质量标准。在质量管理中重视对细节的质量管理，从仓储、服务等小处入手，通过一系列小变革、小改革，解决企业存在的各种问题。

三、KT 公司仓库的 6S 管理

仓储 6S 管理内容是整理（Seiri）、整顿（Seiton）、清扫（Seiso）、清洁（Seiketsu）、素养（Shitsuke）、安全（Security）。

6S 管理的具体内容如下：

（1）整理（Seiri）—— 将工作场所的任何物品区分为有必要和没有必要的，除了有必要的留下来，其他的都消除掉。目的：腾出空间，空间活用，防止误用，塑造清爽的工作场所。

（2）整顿（Seiton）——把留下来的必要的物品依规定位置摆放，并放置整齐加以标识。目的：工作场所一目了然，消除寻找物品的时间，消除过多的积压物品。

（3）清扫（Seiso）——将工作场所内看得见与看不见的地方清扫干净，保持工作场所干净、亮丽的环境。目的：提高品质，减少工业伤害。

（4）清洁（Seiketsu）——将整理、整顿、清扫进行到底，并且制度化，经常保持环境处在美观的状态。目的：创造明朗的环境，维持以上 3S 成果。

（5）素养（Shitsuke）——每位成员养成良好的习惯，并遵守规则做事，培养积极主动的精神（也称习惯性）。目的：培养具有良好习惯、遵守规则的员工，营造团队精神。

（6）安全（Security）——重视成员安全教育，每时每刻都有安全第一的观念，防患于未然。目的：建立起安全生产的环境，所有的工作应建立在安全的前提下。

KT 公司在仓储管理中，切实落实现场管理的规范，按照 6S 的工作要求开展工作，创造干净、整洁、舒适、安全的工作环境，提高工作效率及准确性。在 6S 的基础上，企业还推出了“两齐”“三清”“三洁”“三相符”“四定位”的规范与要求。

“两齐”：库容整齐、堆放整齐。

“三清”：数量、质量、规格清晰。

“三洁”：货架、货物、地面整洁。

“三相符”：账、卡、物相符。

“四定位”：区、架、层、位，对号入座。

在先进的企业文化和完善的标准与规范指导下，KT 公司的服务质量得到不断地提高，受到货主企业的高度好评。企业的收入与利润逐年增长。

任务二
体验运输作业

任务描述

王老师带领学生完成对仓储配送企业的认知后，根据教学计划又带领学生参观学校校外实训基地——大道物流有限公司。该公司主营业务是零担运输，同学们一到运输公司，看到来来往往的运输车辆，好奇心再一次被激发了，“来自不同客户的货物是如何集中到公司的?”“每辆车中不同客户的货物应如何存放?”“运输作业流程主要有哪些?”年轻的“准物流人”对零担运输企业充满了好奇与疑问，你一句我一句地围着王老师及工作人员问东问西，通过两天的企业体验，在工作人员和老师的带领下，同学们对物流企业的运输活动有了比较全面的了解。

同学们在你一言我一语中显示出了对物流运输活动的好奇，运输作业流程是怎样的？运输方式有哪些类型？下面就让我们带着这些问题体验运输作业吧。

任务目标

素质目标：

1. 培养学生分析问题和解决问题的能力
2. 培养学生逻辑表达能力
3. 培养学生理论联系实际的能力

知识目标：

1. 了解生活中的运输
2. 掌握运输的主要方式
3. 熟悉运输作业流程

能力目标：

1. 能描述生活中的运输活动
2. 能区分不同运输方式的优缺点
3. 能初步分析运输作业流程

任务实施

当当物流大提速
“次日达”领跑行业

一、知识准备

（一）生活中的运输

日常生活中，我们会享用到各式各样美味的水果、菜肴，而很多水果、菜肴都不是产自消费者本地，它们来自全国各地或世界各地。地域和季节差异不是我们享用美食的障碍，人们很容易在家门口买到美味佳肴，虽然价格比产地稍贵些，但是，随着物流行业的发展，价格差距不断缩小。运输活动在物品流通中起着很重要的作用。

“一骑红尘妃子笑，无人知是荔枝来。”这一诗句，从物流的角度，是否能看出当年久居北方深宫的杨贵妃是通过什么途径才能享用到南方荔枝的美味？在古代，没有保鲜的方法，而荔枝的特点是“一离本枝，一日而变色，二日而变香，三日而变味，四五日外色香味尽去矣。”因此要从南方运送荔枝到长安，只有一个办法，就是用马日夜兼程，选取比较皮厚而耐储存的荔枝，摘下后包装好，一路马不停蹄，一个驿站接着一个驿站地换马，直送到京城。而现在这类水果的运输过程中，通常在运用保鲜技术后，装入冷藏集装箱，然后通过合适的运输方式，到达全国各地，甚至国外。

（二）运输方式

按照运输设备及工具的不同，运输方式主要有公路运输、铁路运输、水路运输、航空运输和管道运输，如表3－4所示。

表3－4 常见的五种运输方式

运输方式	含义	优点	缺点	适用范围
公路运输	指使用机动车辆在公路上载运货物的运输方式	1. 机动灵活 2. 近距离运输、成本低 3. 投入成本低	1. 运输能力小 2. 运输耗能高 3. 安全性差	1. 内陆地区短距离货物运输 2. 可与铁路、水路、航空运输联运
铁路运输	指使用铁路设施、设备运送货物的运输方式	1. 大批量高速运输 2. 受自然条件限制较小 3. 长距离运输、费用低 4. 具有定时性	1. 投资高 2. 灵活性差 3. 不适宜紧急运输	内陆地区中长距离、大运量、可靠性强的货物运输
水路运输	指使用船舶在内河或者海洋上载运货物的运输方式	1. 运输能力大 2. 长距离运输、费用低廉	1. 运输速度慢 2. 受自然条件影响大 3. 运输时间难以保证	1. 距离长、运量大 2. 时间性不太强的各种大宗货物运输
航空运输	指使用飞机等航空器运送货物的运输方式	1. 运输速度快 2. 破损率低、安全性好 3. 不受地形限制	1. 运输成本高 2. 受重量限制 3. 运输技术要求高	价值高、时间紧的长距离运输
管道运输	指使用管道运送气体、液体和粉状固体货物的运输方式	1. 运输量大 2. 运输速度快 3. 安全环保	1. 受货物种类限制 2. 专用性强，灵活性差 3. 运输起运量高	单向、定点、量大的流体货物运输

【课堂体验】 试比较五种运输方式的优缺点，在选择运输方式时，应考虑哪些因素？

____

____

____

（三）运输作业流程

运输作业流程一般包括接货、送货和交付三个阶段。以某物流公司公路运输业务为例的运输业务流程如图3－2所示。

【课堂体验】 请结合运输作业流程，想想在操作过程中会使用哪些物流设备。

____

____

____

二、小组活动安排

（一）活动内容

某物流公司合肥货运中心受理了A卷烟厂发往B卷烟厂仓储部烟梗500件，重30t。

使用P62K3113611棚车装运，标重60t，保价4万元。当货物运至徐州北站时，托运人提出货物运输变更，请求将该批货物运送至C卷烟厂仓储部（到站：张贵庄）。

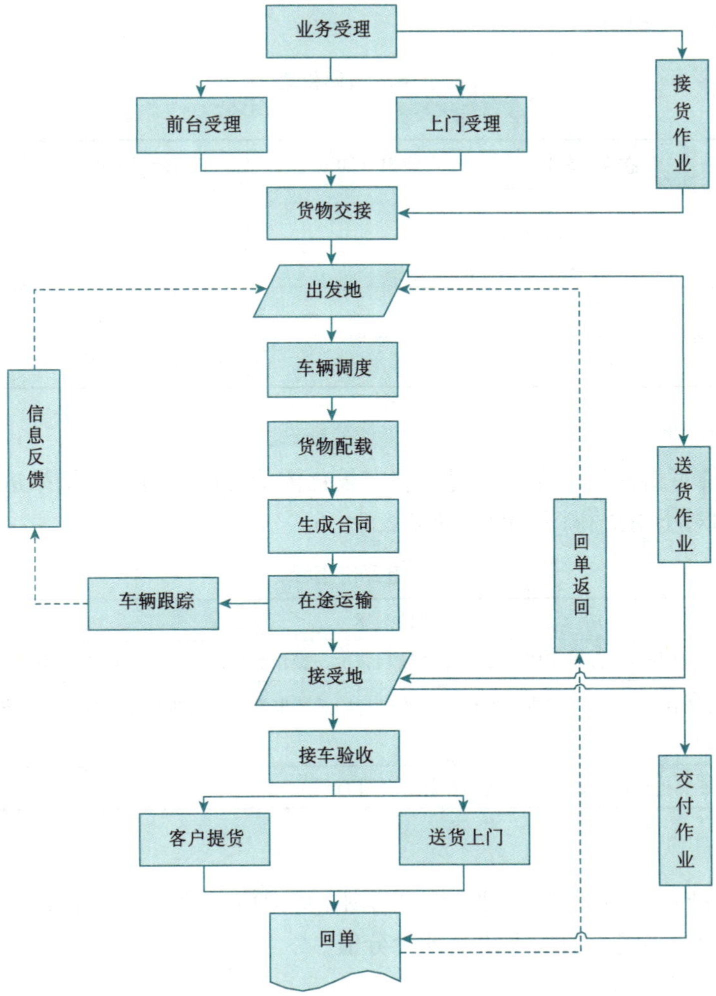

图 3－2 某物流公司运输业务流程

任务：

结合案例分析，合肥货运中心业务员如何完成该批货物的受理、运送、交付作业？

（二）成果展示

（1）各小组结合知识准备内容，对活动内容进行分析。

（2）每个小组的代表向同学们进行成果展示，要求语言通顺、表述清晰。

任务评价

1．小组活动评价标准

组长负责每个组员的工作过程，制定量化评价标准，总分值为 30 分，各项评价标准如下：

（1）态度：积极参与课堂活动，态度端正。

（2）意识：互助合作，服从组长安排，各小组成员一起分担任务和责任。

（3）展示：能参与活动展示，语言清晰，举止大方得体。

（4）效果：完成活动任务，分析准确、全面。

表3－5所示为小组成员评价意见。

表3－5　　小组成员评价表

小组名称：　　　　组长：

小组成员	态度（5分）	意识（10分）	展示（5分）	效果（10分）

2. 教师评价标准

教师负责评价每组的任务完成情况，制定量化评价标准，对工作结果进行评价。总分值最高70分。教师对小组进行评价的标准见表3－6。

表3－6　　小组评价指标

序号	评价指标	分值（分）
1	能在规定时间内小组合作完成工作任务并顺利展示，操作流程规范，岗位职责明确	60～70
2	能在规定时间内小组合作完成工作任务，能进行展示，但在操作流程规范，岗位分工等方面存在小问题	50～59
3	获得教师或其他组的帮助后能完成工作任务并进行展示	0～49

3. 教师点评

教师进行点评时，开展小组自评、组间互评，教师汇总各小组评价进行总结点评，每个学生最后得分为所在小组分值加上成员评价分值。

应用训练

（1）安排学生参观物流企业，或上网查找有关物流企业运输作业的小知识、小案例，利用课余时间进行交流。

（2）展示部分知名物流企业的相关案例，让学生能多方面地了解物流企业运输业务操作。

拓展提升

“安全生产”是“沃尔玛”降低运输成本的利器

沃尔玛公司是世界上最大的商业零售企业，在物流运营过程中，尽可能地降低成本是其经营的信条。

沃尔玛有时采用空运，有时采用船运，还有一些货物采用卡车公路运输。在中国，沃尔玛百分之百地采用公路运输，所以如何降低卡车运输成本，是沃尔玛物流管理面临的一个重要问题，为此他们主要采取了以下措施：

(1) 沃尔玛使用一种尽可能大的卡车，大约有16米长的货柜，比集装箱运输卡车更长或更高。沃尔玛把卡车装得非常满，产品从车厢的底部一直装到最高处，这样非常有助于节约成本。

(2) 沃尔玛的车辆都是自有的，司机也是沃尔玛的员工。沃尔玛的车队大约有5 000名非司机员工，还有3 700多名司机，车队每周一次的运输可以达7 000～8 000千米。

沃尔玛知道，卡车运输是比较危险的，有可能会发生交通事故。因此，对于运输车队来说，保证安全是节约成本的最重要环节。沃尔玛的口号是“安全第一，礼貌第一”，而不是“速度第一”。在运输过程中，卡车司机们都非常遵守交通规则。沃尔玛定期在公路上对运输车队进行调查，卡车上面都带有公司的号码，如果看到司机违章驾驶，调查人员就可以根据车上的号码报告，以便对其进行惩处。沃尔玛认为，卡车不出事故，就是节省公司的费用，就是最大限度地降低物流成本，由于狠抓了安全驾驶，运输车队已经创造了300万千米无事故的纪录。

(3) 沃尔玛采用全球定位系统对车辆进行定位，因此在任何时候，调度中心都可以知道这些车辆在什么地方，离商店有多远，还需要多长时间才能运到商店，这种估算可以精确到小时。因为沃尔玛知道卡车在哪里，产品在哪里，从而提高了整个物流系统的效率，有助于降低成本。

(4) 沃尔玛连锁商场的物流部门是24小时工作制，无论白天还是晚上，都能为卡车及时卸货。另外，沃尔玛的运输车队利用夜间进行从出发地到目的地的运输，从而做到了当日下午进行集货，夜间进行异地运输，翌日上午即可送货上门，保证在15～18个小时内完成整个运输过程，这是沃尔玛在速度上取得优势的重要措施。

(5) 沃尔玛的卡车把产品运到商场后，商场可以将其整体卸货，而不用对每个产品逐个检查，这样就可以节省很多时间和精力，加快了沃尔玛物流的循环过程，从而降低了成本。这里有一个非常重要的先决条件，就是沃尔玛的物流系统能够确保商场得到的产品与发货单完全一致。

(6) 沃尔玛的运输成本比供货厂商自己运输产品要低，所以厂商也使用沃尔玛的卡车来运输货物，从而做到了把产品从工厂直接运送到商场，大大节省了产品流通过程中的仓储成本和转运成本。

沃尔玛的集中配送中心把上述措施有机地组合在一起，做出了一个最经济合理的安排，从而使沃尔玛的运输车队能以最低的成本高效率地运行。当然，这些措施的背后包含了许多艰辛和汗水，相信我国的本土企业也能从中得到启发，创造出沃尔玛式的奇迹来。

任务三
体验配送作业

任务描述

王老师带领学生们在体验完运输企业之后，回校给同学们讲解了配送作业的基本知识，在课堂交互环节中，同学们提出想去配送中心参观学习，王老师在学校的支持下，将同学们带到校外实训基地——九州通医药配送有限公司。当同学们坐在会议室观看九州通医药配送有限公司宣传片时，片中的全自动立体货架、DPS分拣设备、全自动包装机……让同学们兴奋不已。“配送中心会使用哪些物流设施设备”“配送中心作业涉及哪些工作部门或班组”“配送中心作业流程主要有哪些”等问题在同学们的大脑中浮现，在随后的体验式参观活动中，同学们争先恐后地在相关设备旁向师傅们询问，在这种体验式教学中，配送作业的概念渐渐在同学们的大脑中形成。

配送作业流程是怎样的？配送方式有哪些类型？那就让我们一起体验配送作业吧。

任务目标

素质目标：

1. 培养学生分析问题和解决问题的能力
2. 培养学生逻辑表达能力
3. 培养学生观察能力

知识目标：

1. 了解生活中的配送
2. 掌握配送方式的类型
3. 熟悉配送中心作业流程

能力目标：

1. 能描述配送活动的组成
2. 能识别不同的配送方式
3. 能初步分析配送中心作业流程

任务实施

一、知识准备

（一）生活中的配送

我们日常生活中所需的生活用品，都能很方便地从大街小巷的便利店和超市买到。那么，这些品类繁多的商品是怎么出现在便利店和超市的呢？稍加观察可以发现，有不同类型的配送车辆给便利店和超市定时或不定时地送货，而且所送商品的数量和品类都是便利店和超市预订好的。每天不同类型的配送中心根据客户（便利店、超市）的需求订单，分拣商品，然后按照配送路线进行配载，将商品送到各个便利店和超市。

【课堂体验】 配送作业由哪些内容组成？

____

____

____

（二）配送方式

配送可以按照不同标准进行分类，如表3-7所示。

表 3－7　　配送方式

分类标准	名　称	特　征	含　义
按照时间和数量分类	定时配送	时间固定，便于制订工作计划及车辆安排	指按规定时间间隔进行的配送
	定量配送	便于整车配送，提高配送效率	指按规定的数量在一个指定的时间范围内进行的配送
	定时定量配送	兼有定时配送和定量配送优点，对服务要求较高	指按规定的时间和数量进行的配送
	定时定线配送	便于安排车辆和人员，实施共同配送	指在规定的运行线路上，按制定的运行到达时间表进行的配送
	即时配送	服务水平和应变能力要求高	指完全按客户要求的时间和数量随即进行的配送
按配送组织形式分类	直送式配送	客户需求量接近或大于一可用车辆额定装载量	指由一个供应点对一个客户的专门配送
	分送式配送	统一线路客户需求量之和不大于一可用车辆额定装载量	指一个供应点对多个客户的共同配送

配送方式除上述分类外，还有很多不同分类，如按配送主体分类，有配送中心配送、仓库配送、商店配送、生产企业配送四种；按配送的经营形式分类，有销售配送、供应配送、销售—供应一体化配送和代存代供配送四种方式；按配送物品种类和数量进行分类，有少品种大批量配送、多品种小批量配送和成套配套配送三种方式。

【课堂体验】 尝试观察身边的配送活动（或参观过的配送企业），它们采用什么类型的配送方式？

（三）配送中心的作业流程

配送中心的作业流程根据不同情况和经营商品的特点，有着不同的作业流程。一般来说，配送中心作业流程包括以下内容，如图 3－3 所示。

【课堂体验】 参照图 3－3，想一想，配送作业对装卸搬运作业有哪些要求。如果配送中心具有流通加工功能，尝试绘制作业流程图。

现代大型物流配送中心：小包装、多品种操作展示

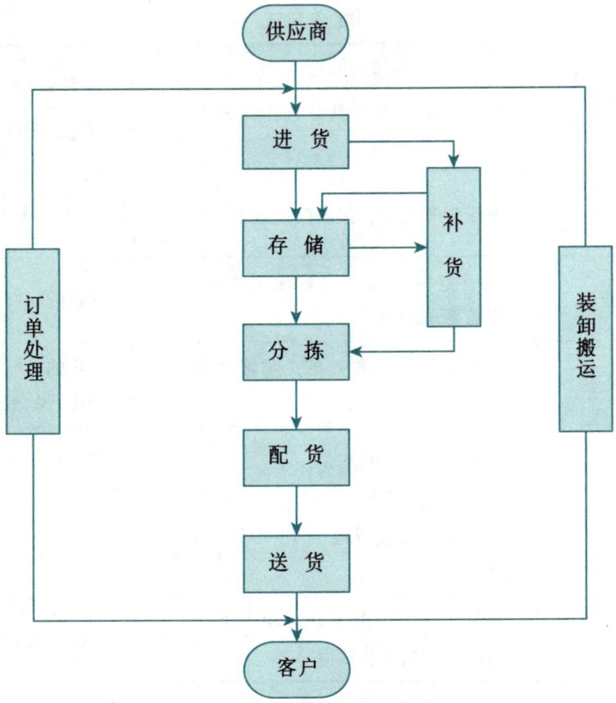

图 3-3 配送中心作业流程

二、小组活动安排

（一）活动内容

某物流公司是集国际空运、海运、国内陆运、仓储、贸易物流于一体的国内综合性第三方物流中心。9 月 20 日，公司客户经理收到客户（某玩具公司）的货物配送业务，委托其配送一批电动玩具火车到某超市。9 月 25 日，客户经理将“发货通知”交接给配送部专门负责玩具库存货品的仓管员，准备这批货物的出库及操作。

任务：

请描述这批货物的出库以及配送作业流程。

（二）成果展示

（1）各小组结合知识准备内容，对活动内容进行分析。

（2）每个小组的代表向同学们进行成果展示，要求语言通顺、表述清晰。

任务评价

1. 小组活动评价标准

组长负责每个组员的工作过程，制定量化评价标准，总分值为 30 分，各项评价标准如下：

（1）态度：积极参与课堂活动，态度端正。

（2）意识：互助合作，服从组长安排，各小组成员一起分担任务和责任。

（3）展示：能参与活动展示，语言清晰，举止大方得体。

（4）效果：完成活动任务，分析准确、全面。

表 3 –8 所示为小组成员评价意见。

表 3 –8　　小组成员评价表

小组名称：　　　　组长：

小组成员	态度（5 分）	意识（10 分）	展示（5 分）	效果（10 分）

2. 教师评价标准

教师负责评价每组的任务完成情况，制定量化评价标准，对工作结果进行评价。总分值最高 70 分。教师对小组进行评价的标准见表 3 –9。

表 3 –9　　小组评价指标

序号	评价指标	分值（分）
1	能在规定时间内小组合作完成工作任务并顺利展示，操作流程规范，岗位职责明确	60 ~ 70
2	能在规定时间内小组合作完成工作任务，能进行展示，但在操作流程规范，岗位分工等方面存在小问题	50 ~ 59
3	获得教师或其他组的帮助后能完成工作任务并进行展示	0 ~ 49

3. 教师点评

教师进行点评时，开展小组自评、组间互评，教师汇总各小组评价进行总结点评，每个学生最后得分为所在小组分值加上成员评价分值。

应用训练

（1）安排学生参观配送中心，或上网查找有关配送作业的小知识、小案例，利用课余时间进行交流。

（2）展示部分知名物流企业的相关案例，让学生能多方面地了解配送业务操作。

拓展提升

李宁公司的物流配送体系

李宁体育用品集团（原广东李宁体育用品有限公司，以下简称李宁公司）由世界著名的体操王子李宁出任董事长、总经理。李宁公司的使命是：以体育激发人们突破的渴望和力量。致力于专业体育用品的创造，让运动改变生活，追求更高境界的突破！李宁公司产品以其独特的风格、新颖的款式、优良的品质、合理的价位、良好的售后服务以及科学的经营策略，获得了广大经营者和消费者的青睐。李宁公司有志建成中国最大的体育用品分销网络，并实现国际化。

李宁公司将物流领域作为企业信息化的重点。目前，李宁公司正在全国范围内建立以ERP为起点的信息系统，全面整合产品设计、供应链、渠道、零售等资源，发展电子商务，进一步提升运作效率和品牌形象，形成了一套适合自身的战略规划模式和管理体系，使公司组织运作顺畅无阻，战略执行果断快速。

李宁公司在全国共有两个级次的仓储中心。全国共13个分公司，各自下辖的仓库是二、三级配送中心。集中起来，李宁公司的仓储面积共有50 000平方米左右。为了集中网络优势促进销售，李宁公司把全国13个分公司的物流储运部整合起来，对物流中心进行统一管理，以便推行按“销售地入仓”的做法。进仓的产品都要“验明正身”，若是符合收货要求，便根据事先输入的采购订单在SAP系统里面做确认。产品出厂后直接送到相应销售地的配送中心，然后通过分拣，分销出去。仓库里的货架，应选择最适合企业发展的，李宁公司先对货物进行了EIQ（属性分析），根据货品属性做出不同的方案依次推行，为产品出库节省了很多时间。

李宁公司在全国有三个生产基地，分别位于北京、上海、广州，而三个配送中心（DC）也相应地设在长三角、珠三角和北京周边三个大区。产品生产出来后，李宁公司的物流部门2小时内就能将产品放入本大区的DC，由DC进行货物的检配，然后根据经销商的需求，由区域的物流公司进行配送。李宁公司逐步收集现有物流体系的数据，以作为将来供应链管理的依据。

据统计，在中国，商品的物流成本占商品总成本的50%左右，许多企业已认识到这个问题，并着手建立高效的物流配送系统，物流正在成为企业的“第三利润源”。而且在我国，只有少数企业能够提供国际物流公司流行的物流网络设计、商业智能预测、远程订货管理、存货管理等服务。专业仓储、专业运输及第三方物流企业还需要进一步的发展，这样才能促进更多大公司与真正信息化的物流企业相结合，创造更高的效益。

任何企业都要不停地创新和改革，应建立在充分理解、分析和评估公司实际业务状况的基础上。李宁公司打造精细的物流体系，从企业的切身利益出发，采取物流组合方式优化企业资源。撤销运输车队，改造仓库，采用ERP系统并对其不断更新，从而为公司挖掘更多利润。

任务四
体验包装、加工作业

任务描述

通过参观物流仓储配送企业，同学们已经对物流有了一个较为全面的初步认识。但是，同学们对物流活动的对象——物品，有没有一些更深入的认识呢？带着这一问题，想一想所参观过的物流企业，生活中进入过的超市、便利店，以及我们随处可见的物品，它们的形状、大小、包装，对我们有什么样的启发。

那么我们日常生活中有哪些流通加工和包装作业呢？加工和包装有哪些类型？在加工和包装作业过程中采用的方法有哪些呢？让我们体验包装、加工作业吧。

任务目标

素质目标：

1. 培养学生分析问题和解决问题的能力
2. 培养学生逻辑表达能力
3. 培养学生理论联系实际的能力

知识目标：

1. 了解生活中的加工和包装
2. 掌握流通加工和包装的类型
3. 熟悉常见的包装技术和方法

能力目标：

1. 能区分流通加工、包装作业和生产加工
2. 能识别不同的流通加工类型和包装分类
3. 能初步分析不同的包装技术和方法

任务实施

一、知识准备

（一）生活中的加工和包装

在超市里，我们会看到食品区的冷柜上摆放着种类繁多的已经切洗并包装好的配菜，还有只需简单加工就能食用的馒头、花卷、包子、饺子等主食。随着人们生活节奏的加快，这种经营方式得到了很多人的认可。消费者购买这类配菜、食物，可以省去洗菜、切菜等所耗费的时间，同时，配菜的味道、搭配比较科学、合理。

为了满足不同顾客群体的需要，配合超市等零售终端的促销，将很多蔬菜、肉类食品，通过切洗、搭配，利用包装设备包装，贴上标签、条码，组装成各式各样的半成品配菜包装，然后直接通过销售终端冷柜销售。

【课堂体验】 上述加工、包装作业与生产加工有何区别？

____

____

____

（二）流通加工和包装的类型

1. 流通加工的类型

流通加工贯穿于供应链的整个过程，按目的和作用的不同，流通加工的类型呈现多样化，主要包括表 3－10 所示的类型。

表 3－10　流通加工的类型

类　型	特　征	实　例
为保护货品安全的流通加工	为了保护货品安全，延长其寿命，防止物流过程中遭受损失而对物品进行的加工	防止金属材料的锈蚀而进行的喷漆、涂防锈油加工；木材防腐朽、防开裂加工；水泥防潮、防湿加工等
为满足多样化客户需求的流通加工	为了满足客户个性化需求，将单一化、标准化的货品进行的多样化加工	钢材卷板的舒展、剪切加工；平板玻璃按所需规格开片加工 木材改制成枕木、方材、板材的加工等
为提高货品附加值的流通加工	为了增加货品附加值而在流通过程中进行的加工	将蔬菜、肉类洗净切块的配菜、保鲜包装；葡萄酒从原液到出售成品的配制、装瓶、贴商标加工等

2. 包装的分类

随着经济的发展，商品包装形式越来越多。按不同标准，包装类型也不同，如表 3－11 所示。

表 3－11　包装的类型

分类标准	名　称	含　义
按包装的目的分类	销售包装	又称商业包装，是以促进商品销售为主要目的的包装
	运输包装	又称工业包装，是以方便运输、储存和保护商品为主要目的的包装
按包装使用的次数分类	一次用包装	指只能使用一次，不再回收利用的包装
	多次用包装	指回收后经过适当整理、加工可重复使用的包装
	周转用包装	指不经过任何加工整理就可以重复使用的容器包装

除上述包装分类以外，还有很多其他分类，如按包装材料不同，可分为纸制品包装、纺织品包装、木制品包装、塑料制品包装、玻璃制品包装、陶瓷制品包装和金属制品包装等；按包装层次不同，可分为内包装、中包装和外包装三类；按防护技术不同，可分为防潮包装、防锈包装、防霉包装、充气包装、灭菌包装和真空包装等。

【课堂体验】 举例说明我们所见的商品包装有哪些？

____

____

____

（三）包装的技术

包装作为一种商品流通中常见的流通加工形式，包装技术的应用无论是在日常生活中，还是在物流活动中都具有很重要的意义。

包装技术是指为了发挥包装功能，对物品实施各种包装的技术方法。针对商品的不同特性和物流活动对包装的不同要求，采用不同种类的包装技术和方法。具体内容如表 3－12 所示。

菜鸟、京东、苏宁、小米、顺丰绿色包装解决方案大比拼，你更看好谁？

表 3－12　包装的技术和方法

分类	内　容	说　明
一般包装技术	对内装物进行合理地置放、固定和加固	包装容器中物品形状各异，置放、固定、加固得巧妙，能缩小体积、节省材料、减少损失
	对松泡物品进行压缩	对于松泡物品（如羽绒服、枕芯、棉被等）进行体积压缩，从而降低物流费用
	合理选择外包装的形状尺寸	物品包装尺寸应采用包装模数系列，要避免过大、过重、过高、过扁
	合理选择内包装的形状尺寸	内包装形状尺寸选择，应与外包装形状尺寸相匹配，还应考虑产品的放置和固定
	包装外的捆扎	将个体或数个物品进行合理捆扎，可以方便物流活动、降低物流费用
特殊包装技术	防震包装技术	此种技术又称缓冲包装技术，是指使物品免受外界冲击、震动等作用，而避免物品损伤的包装技术和方法。包括全面缓冲、部分缓冲和悬浮式缓冲三种方法
	防潮包装技术	此种技术是指用防潮性能好的容器或薄膜包装材料将干燥物品与外界潮湿空气隔绝的一种包装技术和方法。包装材料有陶瓷、金属、玻璃、塑料和包装纸等
	防锈包装技术	此种技术是指为防止物品生锈，而降低价值或性能所采取的一种包装技术和方法。包括在金属物品表面涂防锈材料、采用塑料封存、充氮和干燥空气封存、在容器内或周围放入吸潮剂等方法
	防霉包装技术	此种技术是指为了防止因霉菌侵袭内装物品长霉而影响质量所采取的一种包装技术和方法。主要采用耐低温包装和防潮包装两种方法
	防虫包装技术	此种技术是指在包装物品时，在包装容器中放入一定毒性和特殊气味的药物，利用所挥发气体灭菌和驱虫，或采用真空、充气和脱氧包装等技术制造无害虫生存环境，所采用的一种包装技术和方法。常用的驱虫剂有樟脑等

二、小组活动安排

（一）活动内容

中秋吃月饼是我国民间的传统习俗。月饼包装的发展可以折射出人们消费观念的变化。月饼的外形从方形发展到圆形、椭圆形、多角形等；材料从以往的纸盒、铁盒发展到塑料盒；题材从千篇一律的嫦娥、明月延伸到花卉、神话、风景等。

任务：

（1）请描述月饼包装应考虑哪些因素。

（2）根据市场上的月饼包装，分析包装的合理化问题。

（二）成果展示

（1）各小组结合知识准备内容，对活动内容进行分析。

（2）每个小组的代表向同学们进行成果展示，要求语言通顺、表述清晰。

任务评价

1. 小组活动评价标准

组长负责每个组员的工作过程，制定量化评价标准，总分值为 30 分，各项评价标准如下：

（1）态度：积极参与课堂活动，态度端正。

（2）意识：互助合作，服从组长安排，各小组成员一起分担任务和责任。

（3）展示：能参与活动展示，语言清晰，举止大方得体。

（4）效果：完成活动任务，分析准确、全面。

表 3－13 所示为小组成员评价意见。

表 3－13　　小组成员评价表

小组名称：　　　　　　组长：

小组成员	态度（5 分）	意识（10 分）	展示（5 分）	效果（10 分）

2. 教师评价标准

教师负责评价每组的任务完成情况，制定量化评价标准，对工作结果进行评价。总分值最高 70 分。教师对小组进行评价的标准见表 3－14。

表 3－14　　小组评价指标

序号	评价指标	分值（分）
1	能在规定时间内小组合作完成工作任务并顺利展示，操作流程规范，岗位职责明确	60～70
2	能在规定时间内小组合作完成工作任务，能进行展示，但在操作流程规范，岗位分工等方面存在小问题	50～59
3	获得教师或其他组的帮助后能完成工作任务并进行展示	0～49

3. 教师点评

教师进行点评时，开展小组自评、组间互评，教师汇总各小组评价进行总结点评，每个学生最后得分为所在小组分值加上成员评价分值。

应用训练

学生在身边的超市、网上搜索或去参观物流公司，寻找不同的包装物品，并进行拍照记录，归纳出包装类型。采集结束后开展图片展示活动，加深学生对物流包装性能的认识。

拓展提升

物流包装模数化

在销售包装、运输包装和集合包装系统的设计、计算和排列布局中，普遍存在着重复应用某基准尺寸或尺寸关系的现象。

产品实体，流通过程中的集合器具、运载工具，以及存储销售货架等载体的容装尺寸应该是一个组合协调系统。在这个系统中，计算内外包装尺寸的共同基数就成为该系统的包装模数。这个模数规定了系统中各组成部分之间的尺寸数值增大或减小的变化关系。因此，包装模数是协调系统内外尺寸规格组合关系的基础。

在国际标准 ISO 3394－1975（E）《硬质长方形包装尺寸——运输包装》中，明确规定："取其底面积 600mm×400mm 为模数，作为硬质长方形运输包装尺寸系列的基数。"这个模数乘上相应系数则得到模数值，分别为：600mm×800mm，600mm×1 200mm，1 200mm×400mm，1 200mm×800mm 等。同样若乘数为 1/2，1/3，1/4……则模数值分别为 300mm×400mm，200mm×400mm，600mm×200mm，600mm×100mm 等。根据这种以外件为基准的模数所设计的包装容器能够最佳地利用运载工具和存储空间。

以 SCA 公司纸箱集装管理系统为例。1998 年秋，SCA 包装公司的新型瓦楞纸箱管理系统 Easy Stak 问世，并迅速占领了相关市场的某些相关领域。农产品来自不同的种植者和市场，一般运往零售商的水果和蔬菜是由不同大小与样式的纸箱混合装载的，极易导致产品损坏，这对于每一个供应商来说都是一个头疼的问题，而 Easy Stak 系统则实现了纸箱规格的标准化。Easy Stak 系统允许有一系列开口式瓦楞纸箱，但只存在两种基本尺寸：600mm×400mm 和 400mm×300mm。这意味着一对较小的单元可以跟一个或更多的较大单元相互连接，进行混合装载。

Easy Stak 用国际标准来规范瓦楞纸箱两个关键的指标——堆码能力和混装配载性能。它不仅适用于水果、蔬菜，而且可以广泛应用于包括酸奶、牛奶在内的保鲜农产品，另外，甜品和冷冻食品也将从中受益。Easy Stak 系统已经在英国、西班牙和意大利试运行，并得到了瓦楞纸箱包装协会（CPA）和食品杂货流通学会（IGD）的大力支持。

任务五
体验物流信息处理作业

任务描述

通过参观物流企业，显然同学们已经对物流有了一个较为全面的初步认识。在参观过程中，同学们能注意到每个职能部门都有信息处理人员。在物流活动过程中，使用很多纸质单据，信息化程度比较高的物流企业，作业人员手持 RF 手持终端进行作业。那么，这些纸质单据又是从哪里打印处理的呢？RF 手持终端系统和信息中心的信息系统有什么关系吗？

信息流作为供应链的"三流"之一，在物流活动中起着非常重要的作用。现在我们通过学习，了解了物流信息技术在物流中的应用，让我们体验物流信息处理作业吧。

任务目标

素质目标：

1. 培养学生探究学习、终身学习的能力
2. 培养学生逻辑表达能力
3. 培养学生查阅资料的基本能力

知识目标：

1. 掌握常用物流信息技术的种类
2. 熟悉物流信息系统的组成

能力目标：

1. 能辨别常用物流信息技术的优缺点
2. 能描述物流信息系统的组成

任务实施

一、知识准备

（一）常用的物流信息技术

随着互联网时代的到来，信息作为现代物流活动的灵魂，物流信息技术深入渗透到物流活动的方方面面。物流信息化的发展离不开物流信息技术。常用的物流信息技术主要包括表3－15所示的内容。

表3－15　常用的物流信息技术

种类	内　容	含　义	特　点
信息自动识别技术	条码技术（Bar Code）	由一组规则排列的条、空及其对应字符组成的标记，用以表示一定的信息。（《物流术语》GB/T 18354－2006）	1. 可靠准确 2. 输入数据速度快 3. 采集信息量大而广 4. 易于制作，实用性强
信息自动识别技术	RFID 技术	无线射频技术，通过射频信号识别目标对象并获取相关数据信息的一种非接触式的自动识别技术。（《物流术语》GB/T 18354－2006）	1. 读取方便快捷 2. 识别速度快 3. 数据容量大 4. 使用寿命长，应用范围广 5. 标签数据可动态更改 6. 安全性高 7. 动态实时通信
信息储存和传输技术	数据库技术（DB）	通过特定的方式把数据组织和存储起来，可以检索和利用互相关联的数据集合，是存储数据的“仓库”	1. 实现数据共享 2. 减少数据的冗余度 3. 数据的独立性 4. 实现数据集中控制 5. 数据一致性和可维护性，确保数据的安全性和可靠性

续表

种类	内　容	含　义	特　点
信息储存和传输技术	计算机网络技术	用通信介质把分布在不同地理位置的计算机和其他网络设备连接起来，实现信息互通和资源共享的系统	1. 网络专业性强 2. 信息来源广 3. 地区覆盖面大 4. 网络信息实时性、动态性强
	EDI 技术	采用标准化的格式，利用计算机网络进行业务数据的传输和处理（《物流术语》GB/T 18354－2006）	1. 使用对象具有固定格式业务信息和具有经常性业务联系的单位 2. 传输的资料是一般业务资料 3. 传送的资料采用共同标准化的格式 4. 利用计算机和通信网络来完成标准格式的数据传输，不需要人为地重复输入
信息跟踪控制技术	GIS 技术	由计算机软硬件环境、地理空间数据、系统维护和使用人员四部分组成的空间信息系统，可对整个或部分地球表层（包括大气层），空间中有关地理分布数据进行采集、储存、管理、运算、分析显示和描述（《物流术语》GB/T 18354－2006）	1. 具有空间性和动态性 2. 具有区域宏观分析、多要素综合处理和动态预测能力 3. 快速、准确、综合地对复杂的地理信息进行空间定位和动态模拟过程
	GPS 技术	由一组卫星组成的、24 小时提供高精度的全球范围定位和导航的信息系统（《物流术语》GB/T 18354－2006）	1. 全球连续定位 2. 定位精度高 3. 接近实时定位 4. 抗干扰能力强 5. 被动性全天候导航

【课堂体验】 收集资料，举例说明条码技术和 RFID 技术在物流信息处理中的应用，并尝试比较其优缺点。

（二）第三方物流企业的物流管理信息系统

物流管理信息系统是通过对物流相关信息的收集、存储、加工、处理以便实现物流的有效控制和管理并提供决策支持的人机系统（《物流术语》GB/T 18354－2021）。

宝供的物流管理信息系统

影响物流信息系统的因素有很多，很难有一种物流信息管理系统能全面地描述物流作业流程，每个企业、每个行业的物流信息都是与自己的业务紧密联系的，具有个性化特点。

下面以某企业仓储管理信息系统为例，介绍仓储管理系统的功能模块，如图 3－4 所示。

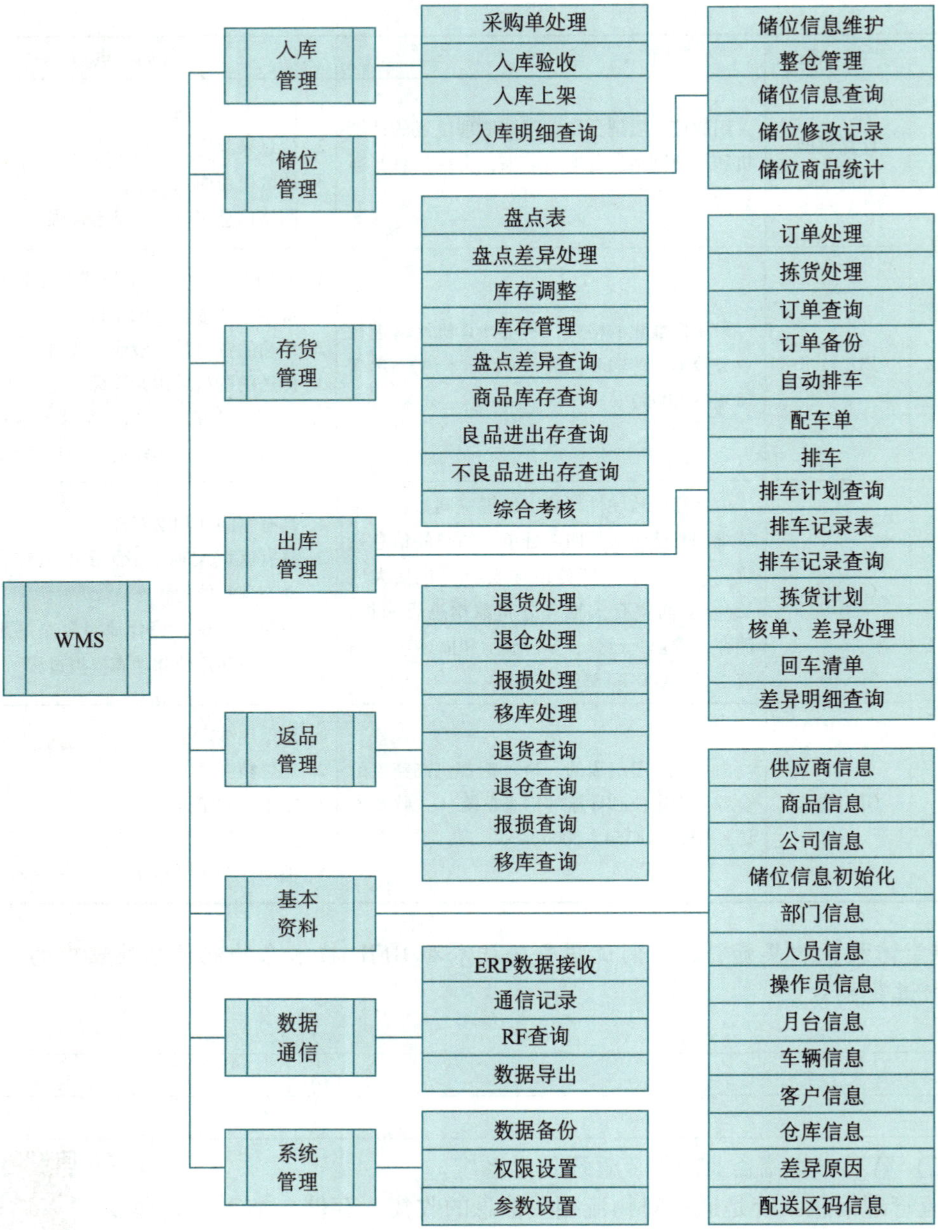

图 3－4　仓储管理系统功能模块

【课堂体验】 结合图 3－4，尝试归纳出各子模块的功能。

____

____

____

二、小组活动安排

（一）活动内容

通过网络收集智慧物流等相关资料，相互交流，探讨现阶段运用了哪些物流信息技术实现智慧物流。

任务：

通过制作 PPT，展示智慧物流中运用的物流信息技术。

（二）成果展示

（1）各小组结合知识准备内容，对活动内容进行分析。

（2）每个小组的代表向同学们进行成果展示，要求语言通顺、表述清晰。

任务评价

1. 小组活动评价标准

组长负责每个组员的工作过程，制定量化评价标准，总分值为 30 分，各项评价标准如下：

（1）态度：积极参与课堂活动，态度端正。

（2）意识：互助合作，服从组长安排，各小组成员一起分担任务和责任。

（3）展示：能参与活动展示，语言清晰，举止大方得体。

（4）效果：完成活动任务，分析准确、全面。

表 3 – 16 所示为小组成员评价意见。

表 3 – 16　　小组成员评价表

小组名称：　　　　组长：

小组成员	态度（5 分）	意识（10 分）	展示（5 分）	效果（10 分）

2. 教师评价标准

教师负责评价每组的任务完成情况，制定量化评价标准，对工作结果进行评价。总分值最高 70 分。教师对小组进行评价的标准见表 3 – 17。

表 3 – 17　　小组评价指标

序号	评价指标	分值（分）
1	能在规定时间内小组合作完成工作任务并顺利展示，操作流程规范，岗位职责明确	60 ~ 70
2	能在规定时间内小组合作完成工作任务，能进行展示，但在操作流程规范，岗位分工等方面存在小问题	50 ~ 59
3	获得教师或其他组的帮助后能完成工作任务并进行展示	0 ~ 49

3. 教师点评

教师进行点评时，开展小组自评、组间互评，教师汇总各小组评价进行总结点评，每个学生最后得分为所在小组分值加上成员评价分值。

应用训练

通过网上收集“关于物流企业信息化现状及发展趋势”的相关案例，开展讨论，增加学生对于物流信息技术的应用和物流信息系统的感性认识。

拓展提升

得好衬衫公司的条码与RFID技术之争

条码技术与RFID在完善制造业ERP、SCM等方面的作用日益突出，但企业具体选择哪一种技术以适应自身状况和未来发展趋势仍要认真思考。

得好衬衫公司（以下简称得好公司）的总经理没有料到，一个二选一的问题让他如此难以决断。得好公司销售额每年以近50%的速度增长，随着企业规模的不断扩大，企业的管理面临许多危机，其中服装的生产和销售环节最为迫切，需要一种具有输入速度快、信息量大、准确度高、成本低、可靠性强等特点的技术，优化企业的信息管理、支撑采购、生产、销售等环节。总经理为了使用条码技术还是RFID技术而左右为难。

一、关系到生存的问题

很明显，服装行业的竞争已到了白热化的程度，而市场竞争对服装的款式、面料以及颜色都提出了很高的要求。传统方式下由几个人设计定样，大批量下订单生产，大面积推向市场的做法，已无生存之地。如何及时了解不同地区的流行趋势，如何利用信息渠道，保证数据传递的准确与真实，是大多数具有自己品牌的服装企业都在努力解决的问题。得好公司在全国有近20个销售分公司，并在全国大多数大商场设有专柜，同时还有专卖店近百家、销售商1 000多个。随着服装品种和数量的不断增加，公司管理出现了以下问题：

商品销售货款从商店到办事处再到总公司不能及时回笼，财务现金账与实物账不能同步生成，物流与资金流分离，导致内部投资和信用风险；服装在生产、销售等渠道的各个环节丢失、损坏，找不到责任人；商品在各个地区销售的价格不同，导致商品的窜货现象；服装销售淡季回收货物不能及时、准确、完整地到位，致使回收的货物混乱。

以上问题，已经严重地影响了公司生产、销售、经营和决策。如何运用现代信息技术为企业强身健体，用信息技术支持企业的决策，已经成为企业需要全力解决的技改项目。目前，企业的ERP系统正在积极地建设中。

二、选择，选择，还是选择

经过与物流工程师的研究后，总经理了解了条码技术与RFID技术各自的特点，这为其选择实施哪一种技术奠定了基础。

1. 条码技术

在像得好这样的制造型企业中，条码可以应用到供应链或ERP的全过程。物流工程师们为得好公司勾画了使用条码技术后的景象。

（1）到货经过扫描以后直接采集该物料的数据，自动完成到货与采购订单核对的过程，提高了ERP使用的效能。

（2）可以支持直送工位的供货方式，大大节省采购到货至存储过程的时间，降低库房面积、物料搬运作业和其他物料处理的成本，是采用精益生产方式的企业提高库存周转率所必不可少的措施。

（3）条码标签的数据经过解码以后还有助于提高原材料批次的跟踪水平，方便地查找出物料的来源和去处，可以极大地提高跟踪响应速度、降低质量成本并有助于挽回企业的信誉。

（4）原材料和半成品库存。在有发货标签，并且发货标签上有物料去向指令的情况下，物料到达库房或车间，用手持扫描终端扫描该条码标签，记录该物料的到达信息。主机控制器、仓库管理系统（WMS）或ERP系统发出该物料去向指令——地点、库房库位，并预报它的消耗进度。库管员或工人按指令存放，并扫描库位或生产线位置上的条码标签，验证该物料的位置。每一次扫描都引导下一次任务的执行并更新ERP系统的数据。

在库存盘点时，条码将大大地提高效率，减少库存冻结的时间。通过手持无线终端，收集盘点商品信息，然后将收集到的信息由计算机进行集中处理，从而形成盘点报告。

条码和ERP集成系统可以降低30%的处理成本、提高物流流转速度，并改善库存、在制品或产成品的跟踪管理状况。

（5）现场和在制品管理。现场在制品跟踪最常用的方法是在装配件上，如在汽车底盘或计算机机箱上贴标识ID号标签，在每一个工位通过采集装置记录重要零组件的信息。每个工序完工后输入作业工人的ID号、完工时间、检验信息等，并驱动下一工序接收。

在制品的条码能实现从原材料到最终产品的全面跟踪。当发现某个供应商的某批原材料有问题时，能够准确地确定受到影响的零件或最终产品的范围，无论这些产品是在库存状态还是已经发运给客户。

减少产品召回所波及的范围和成本。条码生产跟踪系统也可以自动建立支持ISO质量保证体系所要求的质量跟踪和工作历史文档，实现复杂的批次跟踪。因而应用条码技术可以促进新制造过程优势的发挥。

（6）质量控制。对物料或批次的生产跟踪可以在发现缺陷时将废品或返工的影响范围缩减到最低限度，从而不仅可以减少大量的劳动和材料成本，还可以尽量挽回时间的损失。质量跟踪的关键仍旧是对生产过程的记录。用条码对生产各个阶段的物料进行跟踪的经验和技术同样可以应用于样品的跟踪和质量控制。

2. RFID技术

论证过程中，大多数物流工程师都同意，在企业应用中，最有前途的自动识别和数据采集技术是射频识别RFID技术。大家也都清楚应用RFID技术需要大规模的基础设施建设，如阅读器可以与手持终端制作在一起，也可以是固定式的，安装在某个位置上，如工厂的入口、到货库房的大门、货架或生产线上。

如果建设了RFID所需的基础设施，RFID标签的信息通过无线电频率收发的优势显露无遗。RFID在对象和读卡器之间不需要条码所必需的可视联系，从而可以在无人照管的情况下完成识别和信息存储过程。RFID可以穿过包装物、运输容器和金属之外的多种材料读取。

物流工程师们认为RFID除具有对标签上的条码和文字的补充作用外，其与ERP或SCM集成的优势有：对在制品和原材料提供实时的跟踪；动态地更新或改写在包装或标签上的信息，不需要人工介入或在可视环境里完成对产品信息的扫描；减少供应链交接的信息传递和采集，以至于暂时脱离ERP或SCM数据库获取或读出信息。

在实际操作中，可以利用RFID技术提供的实时定位系统跟踪成品的位置。在每一辆离开生产线的成品上贴上RFID标签，可以很容易地从最后的测试到装载运输的过程中跟踪每一个产品。

RFID实现车间现场数据采集的自动化。只要零件进入生产线或到达完工区，系统将自动记录工序、设备和工人的ID号、加工时间，避免了大量人工进行的滞后数据输入、条码扫描等操作和由此带来的可能的不精确数据的出现。彻底解决了ERP系统与SCM集成的信息获取瓶颈问题。

在复杂产品销售和维修服务中，产品上的RFID标签是一个随产品移动的数据库，可以随时读取它的历史和质量的记录，避免了书面材料的人工传递或对远程主机数据库的访问。

看来在功能与应用上，RFID技术似乎都强于条码技术，但是建设RFID的高成本让公司决策者犹豫，尤其是处于一个劳动密集型低附加值的行业中，并且对于得好公司目前的管理水平是否能够适应这样一种新技术，公司决策者也没有多少信心。但是，即使是使用条码技术，公司现在由生产到销售的流程也需要改变，而且条码使用后是否能将产品对市场的响应速度及原材料和产成品库存维持在具有竞争力的水平，也不是很确定。无论如何，激烈竞争的市场要求决策者尽快做出决定。

任务六
体验电子商务物流作业

任务描述

随着近年来电子商务的发展，网上购物成为人们生活中的一部分，人们成为淘宝网、京东商城、拼多多等电子商务网站的常客。如果我们现在想从京东商城购买一本《物流基础》教材，从下达订单到送到我们手里，这个过程会是一个怎样的物流作业流程呢？电子商务与物流有什么样的关系？让我们体验电子商务物流作业吧。

任务目标

素质目标：

1. 培养学生分析问题和解决问题的能力
2. 培养学生逻辑表达能力

3. 培养学生理论联系实际的能力

知识目标：

1. 掌握电子商务物流的内涵
2. 熟悉物流与电子商务的关系
3. 了解电子商务物流的一般流程

能力目标：

1. 能陈述电子商务物流的概念
2. 能描述电子商务与物流的关系
3. 能初步分析电子商务物流的一般流程

任务实施

京东物流全链路智慧化履约系统

一、知识准备

（一）初步认识电子商务物流

1. 电子商务与物流的关系

电子商务是信息化、网络化的产物，是在技术、经济高度发达的现代社会里，掌握信息技术和商务规则的人，系统化地运用电子工具，高效率、低成本地从事以商品交换为中心的各种活动的总称。一般可以简单理解为：电子商务是指主要利用 Internet 从事商务活动。

（1）电子商务对物流的影响，主要体现在以下几个方面：

①电子商务改变了传统的物流观念。

②电子商务改变了物流的运作方式。

③电子商务改变了物流企业的经营形态。

④电子商务对物流服务水平提出了更高的要求。

（2）物流在电子商务中具有很重要的地位，主要体现在：

①物流是电子商务的基本要素之一。商流、物流、信息流、资金流贯穿于电子商务的任何一笔交易的始终。

②物流是电子商务流程的重要环节，制约着电子商务的发展。

2. 电子商务物流的概念

电子商务物流是指在电子商务条件下，依靠计算机技术、互联网技术、电子商务技术以及信息技术等开展的物流活动。

【课堂体验】 电子商务物流具有哪些特点？

（二）电子商务物流的一般流程

电子商务的发展及其对物流服务水平的要求，极大地推动了物流的发展。借助电子商务平台，有利于提高货品流通效率，实现电子商务物流作业流程和配送体系的优化。

京东亚洲一号库

电子商务物流的一般流程，如图3－5所示。

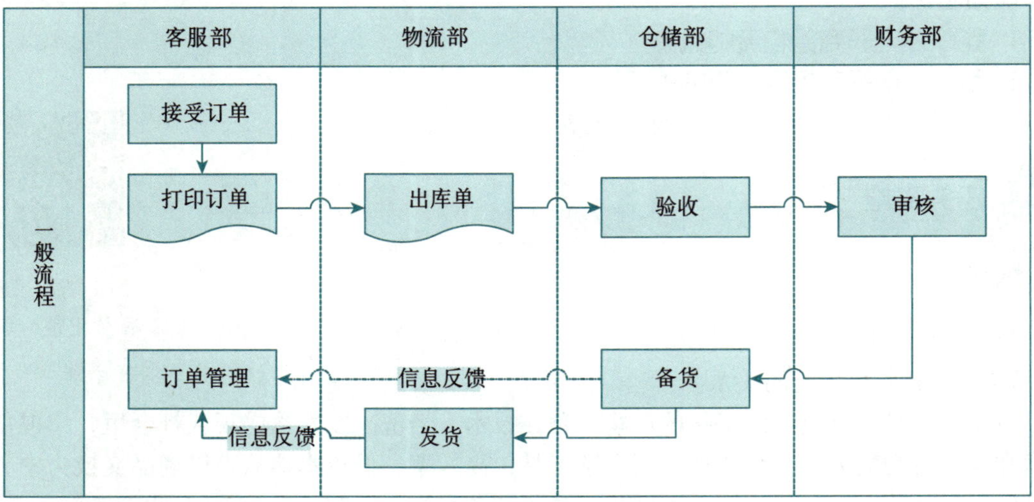

图3－5 电子商务环境下物流作业流程

【课堂体验】 在电子商务环境里，退货作业的流程是什么？

____

____

____

____

二、小组活动安排

（一）活动内容

物流是电子商务的血液，无论电子商务经营的产品多么优质，客服多么优秀，一旦血液出了问题，电子商务的整个机体就会遭受重创。京东忙着自建物流，天猫却与EMS、顺丰、申通、韵达等9家全国一线快递企业签署战略合作协议。

任务：

尝试描述自建物流与第三方物流的优缺点。

（二）成果展示

（1）各小组结合知识准备内容，对活动内容进行分析。

（2）每个小组的代表向同学们进行活动成果展示，要求语言通顺、表述清晰。

任务评价

1. 小组活动评价标准

组长负责每个组员的工作过程，制定量化评价标准，总分值为30分，各项评价标准如下：

（1）态度：积极参与课堂活动，态度端正。

（2）意识：互助合作，服从组长安排，各小组成员一起分担任务和责任。

（3）展示：能参与活动展示，语言清晰，举止大方得体。

（4）效果：完成活动任务，分析准确、全面。

表3－18所示为小组成员评价意见。

表3－18　小组成员评价表

小组名称：　　　　组长：

小组成员	态度（5分）	意识（10分）	展示（5分）	效果（10分）

2. 教师评价标准

教师负责评价每组的任务完成情况，制定量化评价标准，对工作结果进行评价。总分值最高70分。教师对小组进行评价的标准见表3－19。

表3－19　小组评价指标

序号	评价指标	分值（分）
1	能在规定时间内小组合作完成工作任务并顺利展示，操作流程规范，岗位职责明确	60～70
2	能在规定时间内小组合作完成工作任务，能进行展示，但在操作流程规范，岗位分工等方面存在小问题	50～59
3	获得教师或其他组的帮助后能完成工作任务并进行展示	0～49

3. 教师点评

教师进行点评时，开展小组自评、组间互评，教师汇总各小组评价进行总结点评，每个学生最后得分为所在小组分值加上成员评价分值。

应用训练

尝试在电子商务网站购买适合自己的商品，增加对电子商务物流的感性认识。

拓展提升

京东商城与京东物流

京东是中国最大的自营式电子商务企业，成立于2004年1月，主营B2C网络零售服务。2015年第一季度在中国自营式B2C电子商务市场的占有率为56.3%。集团旗下设有京东商城、京东金融、拍拍网、京东智能、O2O 及海外事业部。

2014 年 5 月 22 日，京东在纳斯达克挂牌，成为继阿里巴巴、腾讯、百度之后的中国第四大互联网上市公司。2014 年 11 月，这 4 家企业进入全球互联网公司十强。2015 年 11 月，京东商城入选 MSCI 中国指数。2016 年 6 月，京东首次进入百强榜，排名第 99 位。2016 年 6 月，京东与沃尔玛达成深度战略合作关系。作为合作的一部分，沃尔玛旗下的 1 号店并入京东。2017 年 1 月，中国银联同京东金融签署战略合作协议。2017 年 10 月，京东物流首个全流程无人仓正式亮相。从这些步伐中可以看到京东的发展是迅速的。

2018 年，完成 A 轮优先股融资，融资总额约为 25 亿美元；2019 年，国内首个 5G 智能物流示范园区投入运营；2020 年，完成品牌升级，同时使命升级为“技术驱动，引领全球高效流通和可持续发展”，愿景升级为“成为全球最值得信赖的供应链基础设施服务商”，成为国内首家设立科学碳目标的物流企业；2021 年，于香港联交所主板上市；2022 年，京东物流亚洲一号西安智能产业园二期正式启动运营。

一、业务内容及发展

京东在线销售的内容非常广泛：计算机、手机及其他数码产品、家电、汽车配件、服装与鞋类、奢侈品、家居与家庭用品、化妆品与其他个人护理用品、食品与营养品、书籍与其他媒体产品、母婴用品与玩具、体育与健身器材、虚拟商品等，共 13 大类 3 150 万种 SKU（Stock Keeping Unit）的商品。SKU 指的是一个库存量单位，如件、盒、托盘等。SKU 作为产品统一编号，每种产品（单品）均对应唯一的 SKU 号。所谓单品，就是指当一种商品的品牌、型号、配置、等级、花色、包装容量、单位、生产日期、保质期、用途、价格、产地等属性存在与其他商品的不同之处时，称其为一个单品。

为了满足日益增长的业务需求，京东先后组建了上海及广州的全资子公司，将华北、华东和华南三点连成一线，使全国大部分地区都覆盖在京东商城的物流配送网络之下，同时不断加强和充实公司的技术实力，改进并完善售后服务、物流配送及市场推广等各方面的软、硬件设施和服务条件。京东商城还组建了以北京、上海、广州和成都、沈阳、西安为中心的六大物流平台，为全国用户提供更加快捷的配送服务。

二、物流子集团的组建

2017 年 4 月 25 日，京东集团宣布，为了更好地帮助产业链上下游的合作伙伴降低供应链成本、提升流通效率，共同打造极致的客户体验，京东将正式组建京东物流子集团。京东物流子集团将拥有更加独立的经营权和决策权，并致力于与商家和社会化物流企业协同发展，以科技创新打造智慧供应链的价值网络，成为中国商业最重要的基础设施之一。

京东物流子集团未来将为合作伙伴提供包括仓储、运输、配送、客服、售后的正向与逆向一体化供应链解决方案与服务，提供物流云和物流科技服务（包括无人机、无人车、无人仓、无人配送站等）、商家数据服务（销售预测、库存管理等）、跨境物流服务、快递与快运服务等全方位的产品和服务，还将联合京东商城共享线上线下渠道资源，联手京东金融推出创新性的供应链金融产品和保险产品。

三、配送服务

京东的配送服务主要包括以下几种形式。

211 限时达：当日凌晨 1:00 前提交的现货订单（部分城市为上午 10:00 前），以订单出库完成接货时间点开始计算，当日送达；夜里11:00前提交的现货订单（以订单出库后完成拣货时间点开始计算），次日15:00前送达。

次日达服务：在一定时间点之前提交的现货订单（以订单出库后完成拣货的时间点开始计算），将于次日送达。除“211限时达”服务外。

极速达配送服务：是为用户提供的一项个性化付费增值服务，如用户选择“极速达”配送服务，需通过“在线支付”方式全额成功付款或“货到付款”方式成功提交订单并勾选“极速达”服务后，京东会在服务时间内，并且在3小时内将商品送至用户所留地址。

夜间配服务：为用户提供更快速、更便利的一项增值服务，如用户需要晚间送货上门服务，下单时可在日历中选择“19:00～22:00”时段，属于“夜间配”服务范围内的商品，京东会尽可能安排配送员在用户选定的当日晚间19:00～22:00为用户送货上门。

自提柜：可以提供全天不同时段的自提服务，用户只需在下单时选择“自助式自提”的配送方式，所购商品就会第一时间送至自提柜，随后系统自动发送短信提示用户取货。取货时，用户输入订单号和提货码或直接扫描提货二维码，即可完成身份验证，开柜取货。

冷链服务：京东物流早在2014年开始打造冷链物流体系，2018年正式推出京东冷链（JD Cold Chain）。京东冷链专注于生鲜食品、医药物流，依托冷链仓储网、冷链运输网、冷链配送网“三位一体”的综合冷链服务能力，以产品为基础，以科技为核心，通过构建社会化冷链协同网络，打造全流程、全场景的F2B2C一站式冷链服务平台，实现对商家与消费终端的安心交付。

跨境服务：京东物流帮助中国制造走向全球，让全球商品进入中国。同时，为商家提供一站式跨境供应链服务。

回味与思考

一、单项选择题

1. 企业为了保管自有物品而建设的仓库，称为（　　）。

A. 自有仓库　　B. 营业仓库

C. 公共仓库　　D. 保税仓库

2. 公路运输的优点不包括（　　）。

A. 机动灵活　　B. 投入成本低

C. 近距离运输成本低　　D. 安全环保

3. 当客户需求量接近或大于一辆可用车辆的额定装载量时，采用的配送方式有（　　）。

A. 定时配送　　B. 直送式配送

C. 定量配送　　D. 分送式配送

4. 以方便运输、储存和保护商品为主要目的的包装是（　　）。

A. 销售包装　　B. 商业包装

C. 运输包装　　D. 单个包装

5. 采用标准化格式，利用计算机网络进行业务传输和处理，指的是（　　）。

A. 数据库技术　　B. 计算机网络技术

C. EDI 技术　　D. RFID 技术

二、多项选择题

1. 按照建筑物构造分类，仓库可以分为（　　）。

A. 平房仓库　　B. 储备仓库

C. 多层仓库　　D. 高层货架仓库

2. 航空运输的优点包括（　　）。

A. 运输速度快　　B. 不受地形限制

C. 破损率低　　D. 运输成本高

3. 按配送物品种类和数量进行分类，包括（　　）三种方式。

A. 配送中心配送　　B. 少品种大批量配送

C. 多品种小批量配送　　D. 成套配套配送

4. 按防护技术的不同，包装分为（　　）。

A. 防潮包装　　B. 灭菌包装

C. 防锈包装　　D. 防霉包装

5. 下列各项，属于 RFID 技术特点的是（　　）。

A. 识别速度快　　B. 数据容量大

C. 读取方便快捷　　D. 动态实时通信

三、判断题

1. 按照仓库功能的不同分类，把仓库分为普通仓库、冷藏仓库、恒温仓库和危险品仓库四种。（　　）

2. 水路运输方式适合距离长、运量大、时间性不太强的大宗货物运输。（　　）

3. 钢材卷板的舒展、剪切加工是为保护货品安全而进行的流通加工。（　　）

4. GPS 是指由一组卫星组成的、24 小时提供高精度的全球范围的定位和导航的信息系统。（　　）

5. 电子商务物流是指在电子商务条件下，依靠计算机技术、互联网技术、电子商务技术以及信息技术等所开展的物流活动。（　　）

四、简答题

1. 简述仓储作业流程。

2. 简述五种常见运输方式的优缺点。

3. 按照时间和数量分类，配送方式有哪些？

4. 包装技术与方法有哪些？

5. 简述电子商务与物流的关系是什么？

项目四
4 构建物流人生

任务一 观察物流企业组织结构

顺丰之父王卫：码头搬运白手起家，造就国内快递之王

任务描述

小汪和小李是大学三年级物流专业的同学，在人才市场和物流公司的面试过程中他们接触了各类物流公司，每个公司的组织结构类型是不尽相同的，每个企业的结构似乎都有着自己的特点。于是他们开始搜集资料，准备细致了解各类企业组织结构的具体形态和特征，以便未来能更好地工作。

任务目标

素质目标：

1. 培养学生分析问题和解决问题的能力
2. 培养学生逻辑表达能力
3. 培养学生职业生涯规划能力

知识目标：

1. 了解物流企业的概念
2. 掌握建立物流企业组织结构的基本原则
3. 熟悉物流企业结构

能力目标：

1. 能陈述物流企业的概念
2. 能辨别物流企业组织结构

3. 能初步分析建立物流企业组织结构的原则

任务实施

一、知识准备

（一）物流企业的概念

物流企业是从事物流活动，实行独立核算、独立承担民事责任的经济组织。企业组织结构是指企业内部组织结构按分工协作关系和领导隶属关系有序结合的总体。它的基本内容包括明确组织结构的部门划分和层次划分，以及各个结构的职责、权限和相互关系，由此形成一个有机整体。

（二）建立物流企业组织结构的基本原则

总的来说，确定物流企业组织结构的基本原则是：精简原则、统一原则、自主原则、高效原则。

京东物流组织架构的调整历程

1. 精简原则

精简，是指企业经营管理的各类机构的组建应同企业的经营规模和经营任务相适应，它要求机构设置精简管理层次、压缩管理人员的编制。因此，企业要在服从经营需要的前提下，因事设机构、设职，因职用人，尽量减少不必要的机构和人员，力求精兵简政，以达到组织机构设置的合理化，提高工作效率。同时，还要求企业各级组织机构具有明确的职责范围、权限，以及相互间的协作关系；具有健全和完善的信息沟通渠道；制定合理的奖惩制度；还应有利于发挥职工的主动性和积极性，全力投身工作。

2. 统一原则

统一，是指企业的各部门、各环节的组织结构，必须是一个有机结合的、统一的组织体系。在这个组织体系中的各层次的机构，形成一条职责、权限分明的等级链，不得越级指挥与管理。实行这种指挥的优点是：谁命令，谁执行都很清楚，执行者负执行的责任，指挥者负指挥的责任，自上而下地逐级负责、层层负责，保证经营任务的顺利完成。

3. 自主原则

自主，是指企业等级链上的各部门、各环节的机构都在各自的职责和权限范围内，独立自主地履行职能，充分发挥各级组织机构的主动性和积极性，提高管理工作效率。上级对下级在其职权范围内做出的决定不能随意否定。可见，自主的原则是统一领导和分级管理、原则性与灵活性相结合的要求。

4. 高效原则

高效，是建立组织结构必须遵循的根本原则，它是验证组织结构合理与否的准绳。组织结构必须以完成经营目标和任务为准绳，必须具有管理工作的高效率和经营的高效益。因此，组织结构必须科学分工、明确职责，实行责、权、利的统一，以提高管理效率和全员劳动效率。上述各项原则，是现代企业建立和健全组织结构时应当遵循的基本原则。但是每个企业在具体实践中，要根据本企业的具体情况和特点有所侧重；同时，还要正确处理好相互之间的一些关系，如统一指挥与分级管理、集权与分权、综合管理与专业管理、领导者与被领导者的关系，等等。

【课堂体验】 物流企业组织结构的基本原则有哪些？

____

____

____

（三）物流企业组织结构

1. 扁平式组织结构

扁平式组织结构是指通过破除公司自上而下的垂直高耸的结构，减少管理层次、增加管理幅度、裁减冗员，建立一种紧凑的横向组织，达到使组织变得灵活、敏捷，富有柔性、创造性目的的组织。它强调系统、管理层次的简化、管理幅度的增加与分权。在扁平式结构中，员工职业能力提高得较快，但晋升空间有限。

2. 智慧型组织结构

智慧型组织结构是指基于持续学习，能够透彻了解并预测企业生态环境中各种关系（如竞争、合作、共同进化），且能根据环境的动态变化适时调整自身与环境之间的关系，及时做出对策，从而制定正确的竞争策略和管理方式，并且持续更新、进化的组织结构。其组织结构形态多样化，能够根据不同的部门特点采用不同的组织形式，以提高自身环境的适应力。在智慧型组织结构中，员工学习是一项必备的基本要素和需求，员工的学习能力与职业能力提升较快，个人目标实现与组织理念的实现相一致。

3. 金字塔形组织结构

金字塔形组织是指企业的整个人事组织像一座金字塔，领导人高居塔尖，以制度化和法规化严格构建企业等级制度的组织。金字塔形组织明确划分职责，以能力作为依据对员工进行选用和升迁。这种组织结构中，员工职业能力提高较慢，但晋升空间较大，个人的目标只能依靠个人在组织中的层次而定，紧紧抓住现有职位，按照官制化的等级向前发展。

【课堂体验】 你愿意在何种组织结构的物流企业工作？为什么？

____

____

____

二、小组活动安排

（一）活动内容

某物流公司于202×年7月在广州注册，是经广州市工商、税务和运输部门核准注册成立，具有独立法人资格的专业性物流公司。主营业务为公路汽车货物运输，并提供仓储、中转配送等服务。由于经营规模较小，业务范围主要集中在广东省内，该公司采取了简单的直线职能制组织结构，公司设物流经理一名，全面负责业务部、运输部、仓储部和配送部等四个业务部门。同时，公司还设有行政事务处、财务处、人事处和信息管理部等四个职能部门。

任务：

请尝试绘制该公司组织结构图。

（二）成果展示

（1）各小组结合知识准备内容，对活动内容进行分析。

（2）每个小组的代表向同学们进行成果展示，要求语言通顺、表述清晰。

任务评价

1. 小组活动评价标准

组长负责每个组员的工作过程，制定量化评价标准，总分值为30分，各项评价标准如下：

（1）态度：积极参与课堂活动，态度端正。

（2）意识：互助合作，服从组长安排，各小组成员一起分担任务和责任。

（3）展示：能参与活动展示，语言清晰，举止大方得体。

（4）效果：完成活动任务，分析准确、全面。

表4－1所示为小组成员评价意见。

表4－1　小组成员评价表

小组名称：　　　　组长：

小组成员	态度（5分）	意识（10分）	展示（5分）	效果（10分）

2. 教师评价标准

教师负责评价每组的任务完成情况，制定量化评价标准，对工作结果进行评价。总分值最高70分。教师对小组进行评价的标准见表4－2。

表4－2　小组评价指标

序号	评价指标	分值（分）
1	能在规定时间内小组合作完成工作任务并顺利展示，操作流程规范，岗位职责明确	60～70
2	能在规定时间内小组合作完成工作任务，能进行展示，但在操作流程规范，岗位分工等方面存在小问题	50～59
3	获得教师或其他组的帮助后能完成工作任务并进行展示	0～49

3. 教师点评

教师进行点评时，开展小组自评、组间互评，教师汇总各小组评价进行总结点评，每个学生最后得分为所在小组分值加上成员评价分值。

应用训练

将常见的物流企业组织结构制作成学习表格以供分析它们的异同。

拓展提升

物流企业组织结构示意图

1. 大连中远物流有限公司（见图4－1）

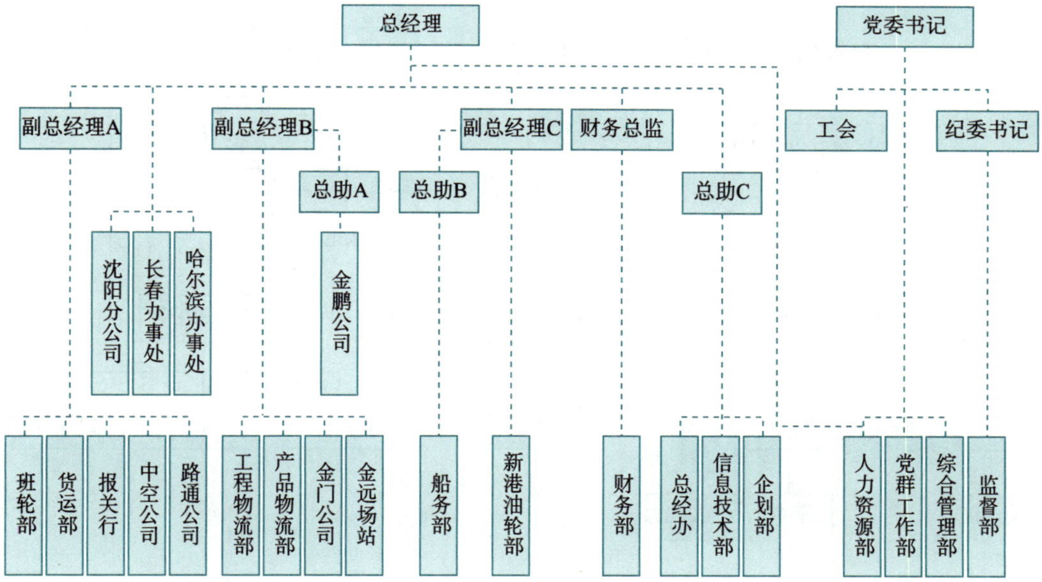

图4－1 大连中远物流有限公司组织结构

2. 江西省物资储运总公司（见图4－2）

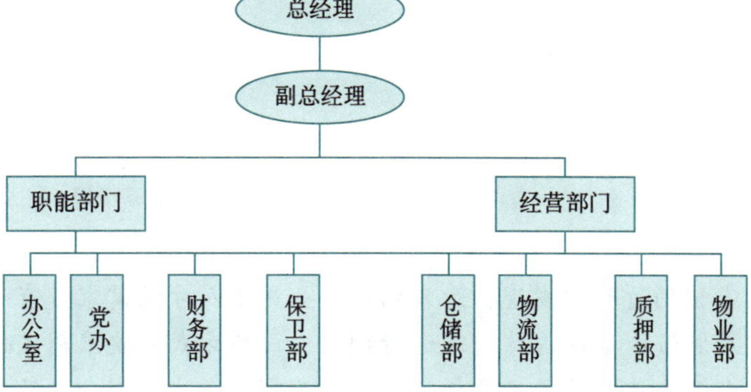

图4－2 江西省物资储运总公司组织结构

3. 四川中旺物流有限公司（见图4-3）

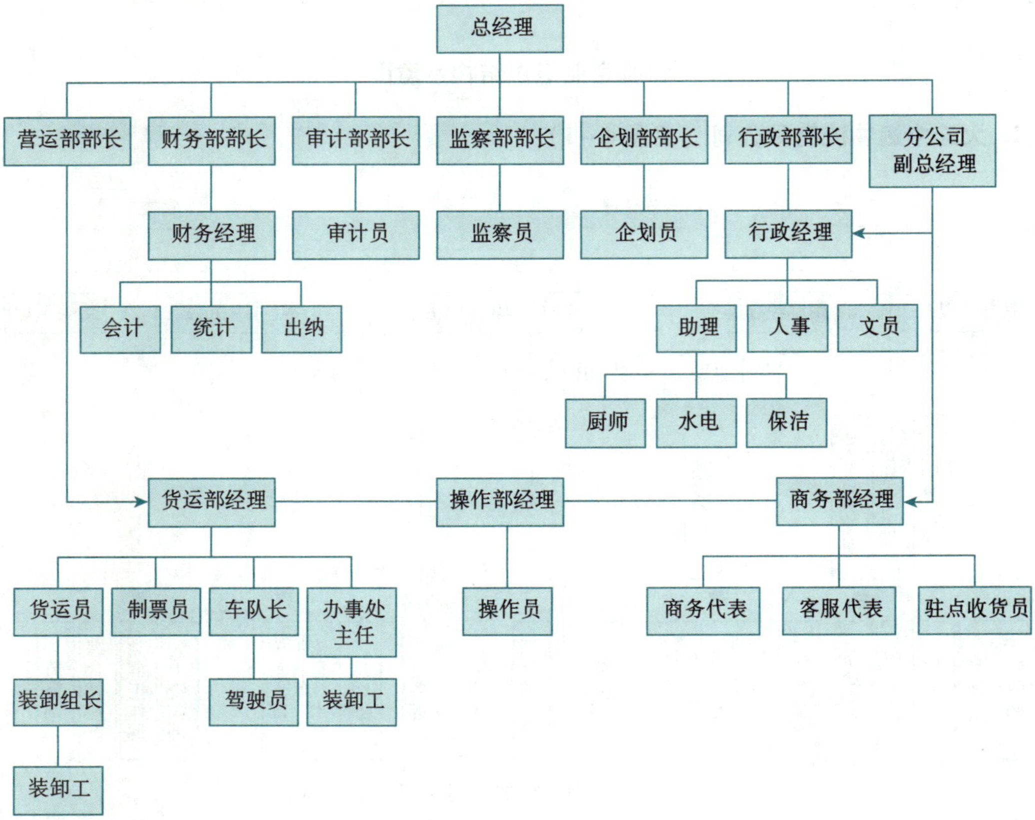

图4-3 四川中旺物流有限公司组织结构

任务二
感受物流企业人才需求

任务描述

小汪和小李在面试的过程中发现，原来物流企业对于人才的需求是有一定的界定的。于是小汪和小李决定对物流企业的人才需求进行调研，调研方式主要采用文献资料法。调研的主要内容是：物流企业人才供需矛盾分析、物流企业需求人才类型分析及物流人才需求地区差异分析。

通过这次调查，小汪和小李对本地的物流企业人才需求状态和现状做了很好的了解，有助于他们更好地选择工作岗位。

任务目标

素质目标：

1. 培养学生分析问题和解决问题的能力
2. 培养学生查阅专业技术资料的基本能力
3. 培养学生职业生涯规划能力

知识目标：

1. 了解物流企业人才供需矛盾分析
2. 掌握物流企业需求人才类型分析
3. 熟悉物流人才需求地区差异分析

能力目标：

1. 能描述物流企业人才供需矛盾
2. 能辨别物流企业需求人才类型
3. 能初步分析物流需求人才地区差异

2018 年上半年物流人才需求分析报告

任务实施

一、知识准备

伴随中国制造业的成长，作为生产性服务业的物流得到快速的发展，市场对物流人才的需求与日俱增。物流工作岗位性质的不同，对物流人才的需求也不尽相同。物流人才需要非常专业的知识，如外语、海关、国际贸易等，不同地区、不同行业、不同管理层等岗位对物流人才的需求也不尽相同。

（一）物流企业人才供需矛盾分析

首先，从人力资源角度来看，在今后相当长的一段时间内，物流企业除仓储、运输、配送、搬运加工、货运代理等领域的物流人才紧缺以外，熟知电子商务物流、连锁经营、国际物流、物流成本控制分析与预测等相关知识和操作方法的国际性物流的高级人才将更加缺乏，物流专业人才已被列为 12 类紧缺人才之一。

其次，从需求的角度来看，随着物流业的快速发展，市场对物流人才的需求大幅增加。此类需求大致可归纳为四类：一是企业物流人才；二是物流企业人才；三是物流规划咨询人才；四是物流研究人才。企业物流人才主要是指物流各功能岗位的操作人员，如运输管理人员、仓储管理人员、报关员、配送人员、客户关系管理员等。这些人员必须熟悉物流行业，同时掌握物流运输、仓储、包装、装卸等方面的知识，并能将其熟练地运用到实际工作中。物流企业人才的需求主要是第三方物流营销人才——能够运用物流知识进行物流企业的物流服务营销。至于物流规划咨询人才和物流研究人才，主要是指有扎实的理论基础和渊博的知识，具有物流科技创新能力，并且知识面较宽的复合型物流管理规划人才。

从供给的角度看，我国目前物流人才的培养，主要通过两个途径，院校培养和社会培训。有关资料显示，近 2 000 所中等职业学校开设了物流服务与管理专业；物流从业人员的在职教育已全面铺开；上岗资格培训人数日益增多，但是尽管近年来各高校、职业学校及培训机构培养了大量的物流人才，然而从数量上还远远不能满足社会的需求，加之当前职业学校教育和行业培训都较偏重理论教学，缺乏实践经验，毕业生所掌握的专业技能和视角与企业需求还有较大的差距。这些都导致了物流人才供给与需求的矛盾。

【课堂体验】 物流企业人才供需矛盾主要体现在哪些方面？

____

____

____

（二）物流企业需求人才类型分析

1. 战略型物流人才

根据市场调查，中国物流的发展对人才需求主要体现在以下方面：企业物流应用人才、物流项目开发人才、物流管理人才、物流教学科研人才等战略型物流人才。需要从事企业发展方向研究，企业管理体制研究，企业管理软件开发和企业设备研究与开发等方面的高级管理和研究人才，高层次物流人才的特点是通晓物流活动全局，具有前瞻性思维，熟知至少一个行业或一种模式的物流理论与应用，能从战略上分析和把握其发展特点和趋势。

2. 管理型物流人才

我国现代物流的发展，不仅需要从事企业发展方向研究、企业管理体制研究、企业管理软件开发和企业设备研究与开发等方面的高级管理和研究人才，更需要系统化的物流管理人才，懂得进出口贸易业务的专业操作人才，电子商务物流人才，掌握商品配送和资金周转、成本核算等相关知识和操作方法的物流人才。其特点是精通现代物流商务活动，同时具备足够的物流技术知识，善于提出满足物流活动需求的方案。

3. 技术性、技能型物流人才

物流企业的发展对人才的需求是多层次的，我国现代物流的发展，也需要在物流企业中从事设备的操作、维护，物流信息的搜集、加工、整理，企业配送中心管理和经济核算，储存、运输、配送、货运代理、报关等具体工作的中、初级实用型人才。掌握现代经济贸易、运输、物流理论和技能，且具有扎实英语能力的国际贸易运输及物流经营型人才非常紧缺。

（三）物流人才需求地区差异分析

东部沿海地带如华东、华南地区是中国经济最发达的区域，同时也是中国物流发展最快的区域，公路、水路运输发达，港口货物吞吐量大，高新技术企业集中，物流运作效益最好；其次是华北、西南地区，铁路、公路发达，企业集中度居中，物流运作效益居中。珠江三角洲是我国发展物流产业最早的地区，历来是华南、中南、西南地区对外联系的主通道，也是我国南部沿海地区重要的交通枢纽。这里汇聚了 7 万多家制造企业，拥有密集的交通设施，还集中了五大机场和五大港口，是我国空中航线密集和繁忙的地区。长三角地区近年来物流迅速发展，逐渐成为继珠三角之后又一重要的物流基地，现已成为我国物流发展前景最被业内人士看好的地区。长三角地区在港口、航海贸易方面占据优势地位，因此，在东南沿海区域对海运、报关、港口贸易方面的人才需求更多。这些岗位要求从业人员有一定的从业证书，熟悉现代国际贸易、海运知识，有良好的英语沟通能力和熟练的计算机操作能力。

随着西部大开发政策的提出，西部的现代物流有了一些发展，但仍然处于起步阶段。中西部地区物流业发展程度比东部地区落后，物流企业的数量少得多，因此，物流人才招聘的岗位数量远不及东部沿海地区。与东部地区不同，中西部地区由于受地理条件的限制，这些地区的物流企业以从事运输和仓储类的居多，国际物流和港口物流企业很少。西部地区是中国的煤炭、木材等资源的储备地，物流网络不发达，主要依赖铁路运输，企业集中度低、物流运作效益低，是制约经济发展的瓶颈，整体物流发展水平落后于东南部沿海地区。从事物流职业的人员绝大多数都是从事低技能、劳动强度大的工作。而且由于这些工作不需要专门的技能培训，入行的门槛低，所以物流从业人员的素质要求相对较低。

综上所述，企业对物流人才综合能力的要求可归纳为：良好的沟通和把握全局的能力、实操技术技能、规划未来蓝图能力和团队合作能力。专业知识主要包括物流管理知识、财务知识和其他商业知识、专业英语、计算机信息系统知识等。

【课堂体验】 物流企业需要的人才有哪些类型？

____

____

____

二、小组活动安排

（一）活动内容

通过网络收集物流行业人才需求特点，同学间相互交流，尝试规划自己的职业生涯。

任务：

描述物流行业人才需求特点，并阐述自己未来的职业发展。

（二）成果展示

（1）各小组结合知识准备内容，对活动内容进行分析。

（2）每个小组的代表向同学们进行成果展示，要求语言通顺、表述清晰。

任务评价

1. 小组活动评价标准

组长负责每个组员的工作过程，制定量化评价标准，总分值为30分，各项评价标准如下：

（1）态度：积极参与课堂活动，态度端正。

（2）意识：互助合作，服从组长安排，各小组成员一起分担任务和责任。

（3）展示：能参与活动展示，语言清晰，举止大方得体。

（4）效果：完成活动任务，分析准确、全面。

表4－3所示为小组成员评价意见。

表4－3　小组成员评价表

小组名称：　　　　　　　　组长：

小组成员	态度（5分）	意识（10分）	展示（5分）	效果（10分）

2. 教师评价标准

教师负责评价每组的任务完成情况，制定量化评价标准，对工作结果进行评价。总分值最高70分。教师对小组进行评价的标准见表4－4。

表4－4 小组评价指标

序号	评价指标	分值（分）
1	能在规定时间内小组合作完成工作任务并顺利展示，操作流程规范，岗位职责明确	60～70
2	能在规定时间内小组合作完成工作任务，能进行展示，但在操作流程规范，岗位分工等方面存在小问题	50～59
3	获得教师或其他组的帮助后能完成工作任务并进行展示	0～49

3. 教师点评

教师进行点评时，开展小组自评、组间互评，教师汇总各小组评价进行总结点评，每个学生最后得分为所在小组分值加上成员评价分值。

应用训练

安排学生将对物流企业的人才需求调查结果制作成调查报告，并进行比较。

拓展提升

物流企业人才需求调查问卷

您好！

我们是合肥物流学校的学生，正在进行一项有关“物流企业人才需求调查”的实践活动，耽误您10分钟，配合我们完成调查问卷。您的配合将对实践结果具有重要的指导意义。请您标注出您认同的答案，感谢您的合作！

注：未标有多选题字样的为单选题。

1. 您所在的公司中从事物流工作的员工人数为（　　）。

A. 小于20人　　B. 20～50人

C. 50～100人　　D. 100人以上

2. 现有物流员工学历情况普遍是（　　）。

A. 本科及以上　　B. 大专

C. 高中　　D. 初中及以下

3. 贵公司每年需要的物流人才数量大概是多少人？（　　）

A. 1～3人　　B. 3～5人

C. 5～10人　　D. 10～20人

E. 20人以上

4. ［多选题］您所在的公司通过何种途径招聘物流人才？（　　）

A. 人才交流会　　B. 网络招聘

C. 平面媒体招聘　　D. 校园招聘

5. ［多选题］您所在的公司需要什么样的物流人才？(　　)

A. 仓管员　　B. 配送员

C. 包装员　　D. 运输员采购员

E. 物流操作员

6. 您所在的物流公司对物流人才的学历要求如何？(　　)

A. 初中　　B. 高中

C. 高职大专　　D. 本科以上

7. ［多选题］您所在的公司对物流人才的基本素质要求有哪些？(　　)

A. 写作能力　　B. 英语能力

C. 计算机能力　　D. 团队合作能力

8. ［多选题］您认为最实用的专业课是什么？(　　)

A. 物流企业财务管理　　B. 物流案例与实践

C. 库存管理　　D. 采购与供应管理

E. 运输管理　　F. 仓储管理

9. ［多选题］您认为现在学校专业课程中最大的不足是什么？(　　)

A. 师资力量薄弱

B. 理论性强，缺乏可操作性

C. 课程内容跟不上物流业日新月异的发展，出现明显的滞后性

D. 设计面窄，只涉及物流环节，但对相关环节的重视度不够

E. 没有针对相关资格证书设立教学课程

10. 您认为郑州发展现代物流业，急需的物流人才是什么？(　　)

A. 宏观管理层次的物流人才（包括教学、科研、人才培训等方面的人才）

B. 物流企业中的管理人才和工程人才

C. 从事物流工作的一般操作性人才

D. 熟练掌握计算机技术的物流人才

任务三
办理物流企业注册手续

任务描述

小陈是一名毕业四年的物流专业学生，他与同班的5名同学一起决定开一家属于自己的物流公司。为了办理好成立物流企业的相关手续，几名同学聚在一起为成立物流公司进行如下准备工作：

（1）了解物流企业的市场准入制度。

（2）了解物流企业的建立程序。

通过相应的调查资料，大家终于对物流企业的建立有了一定的认识，明天就将去建立自己的物流企业了，预祝他们成功。

任务目标

素质目标：

1. 培养学生分析问题和解决问题的能力
2. 培养学生查阅专业技术资料的基本能力
3. 培养学生探究学习、终身学习的能力

知识目标：

1. 了解物流企业的市场准入制度
2. 熟悉物流企业的设立程序

能力目标：

1. 能描述物流企业的市场准入要求
2. 熟知设立物流企业的步骤

任务实施

某地区公司注册流程

一、知识准备

（一）物流企业市场准入条件

在我国，一般物流企业进入市场的准入条件很低，设立企业时只需要具有与拟经营范围相适应的经营场所、必要的经营条件、人员及与之相适应的物流技术等。

如果注册的物流公司经营项目中含有危险货物运输服务，则该类企业的准入条件必须按《道路危险货物运输管理规定》（以下简称《规定》）中要求的条件审批。

《规定》要求危险货物运输服务企业必须建立完善的安全管理制度，并且自有车辆要达到 5 辆以上，车辆的技术等级必须达到一级，技术状况要符合相关国家强制标准，罐式车辆必须经过质量检验部门检验合格，同时要具备相应的停车场地和通信、安全防护、环境保护以及消防等设施设备。《规定》要求，道路危险货物运输的驾驶人员、装卸管理人员、押运人员都必须经设区的市级交通主管部门考试合格，发放统一的《从业资格证》，其他证件一律无效。该类企业须经省级及以上主管机关审批。

另外，从事特殊物流服务的企业（如海上运输业务、空运销售代理业务、航空快递业务），必须经过主管机关（交通运输部、民航行政主管部门、中国民航局、国务院对外贸易合作主管部门）的审批才能进入市场，从事相关物流经营活动。

【课堂体验】 市场对物流企业的准入制度有哪些要求？

____

____

____

（二）物流企业设立登记步骤

物流企业设立是指物流企业的设立人为使企业具备从事物流活动的能力，取得合法的主体资格，依照相关法律规定的条件和程序所实施的一系列行为。

1. 设立物流企业必须具备实质要件

实质要件是指设立物流企业时必须具备的条件，即要有与从事物流经营活动相适应的生产经营条件、物流企业运营的组织结构、固定的生产经营场所、人员、物流技术及注册资金等。

2. 物流企业设立方式

我国物流企业的设立方式一般有核准设立与准则设立两种。

（1）核准设立。核准设立又称“许可设立”，即设立企业时，除需要具备法律规定的各项条件外，还需要经主管行政机关审核后，才能申请登记注册的一种设立方式。例如，从事危险品物流业务、海上运输业务、空运销售代理业务、航空快递业务等物流企业的设立，属于核准设立。

（2）准则设立。准则设立又称“登记设立”，即设立企业不需要经有关主管行政机关批准，只要企业在设立时符合法律规定的有关成立条件，即可到主管机关申请登记，经登记机关审查合格后予以登记注册，企业即告成立的一种设立方式。例如，从事一般物流服务的物流企业。

3. 设立物流企业应具备的条件

（1）设立物流企业应依法成立经营管理机构，制定公司章程并确定具有企业法人资格的负责人。

（2）具有一定资信或令人信服的担保。确保物流企业开出的服务单证作为有价证券的流通性。

（3）具有与经营能力相适应的自有资金。确保开展物流活动所需的流动资金和赔偿能力。

（4）物流企业必须具备承担服务合同中所要求的相关物流技术，保证合同的正确履行和承担相应服务的履约能力。

4. 我国物流企业设立的步骤

我国物流企业常见的类型有合伙公司、有限责任公司、股份公司等，其设立步骤如下：

（1）设立步骤。

①工商登记。登记步骤如下：

a. 在拟办企业所在地区（县）工商管理局领取申请表格。

b. 查询拟办企业名称；设立有限责任公司，首先应当由全体股东指定代表或者共同委托代理人向公司登记机关申请名称预先核准，对于符合规定准予使用的名称，公司登记机关发给申请人《企业名称预先核准通知书》。预先核准的名称保留期为6个月。申请名称预先核准请查阅“企业名称登记”部分。

《企业名称预先核准通知书》在公司名称保留期内，是供公司开设临时银行账户，股东存入其货币出资后，公司到验资机构办理验资证明的。公司在申请设立登记时，应当将该《企业名称预先核准通知书》的原件交回公司登记机关。

如果其他有关部门需要公司提交《企业名称预先核准通知书》的，公司可向登记机关申请在该《企业名称预先核准通知书》复印件上加盖登记机关印章，向有关部门提交该复印件。

②刻制图章。凭工商执照刻制公章、法人章、财务章。

③申请企业代码证。凭《工商执照介绍信》去技术监督局办理企业代码证书。

④税务登记。税务登记步骤如下：

a. 在企业所在地银行开立银行账户。

b. 向企业所在地区（县）税务局申领《税务登记申请书》。

c. 向税务局提交《税务登记申请书》与准备的相关文件。

d. 税务局审核后颁发税务登记证。

e. 领购发票。

（2）物流公司注册登记所需的文件。

①申请人身份证明。独资经营的提供本人身份证明，合伙经营的提交合伙各方的身份证明，有限责任公司提供股东的法人资格证明。下列人员还应提交专项证明：

a. 城镇待业人员提交街道劳动管理部门出具的待业证明。

b. 离退休人员提交离退休证明。

c. 外地人员提交公安部门的暂住证；外地育龄妇女应提交本市所在地区计划生育部门出具的计划生育证明。

d. 停薪留职人员和企事业单位富余人员提供本单位同意其经营的证明及协议。

注：有限责任公司因《公司法》和《公司登记管理条例》另有规定的除外。

②公司场地使用证明。公司场地是租赁用房的，需提交房主的《房屋产权登记证》的复印件或有关房屋产权归属的证明文件、使用人与房屋产权所有人直接签订的房屋租赁协议书或合同（合同租赁期必须在一年以上）。公司的住所是股东作为出资投入并作为公司住所使用的，则提交该股东的《房屋产权登记证》或有关房屋产权证明的文件及该股东出具的证明文件。

③验资证明。验资证明是会计师事务所或审计事务所出具的资金证明的文件。

法定验资机构出具的验资证明是表明公司注册资本真实、合法的证明。具有法定资格的验资机构应是经工商行政管理机关登记注册的会计师事务所或审计事务所。验资证明由验资报告及附件组成。验资报告应明确载明公司名称、股东姓名、出资方式、出资额、公司在银行开设的临时账户、股东缴纳出资情况等，验资报告须由注册会计师签字或者盖章、会计师事务所或者审计事务所加盖公章后方为有效。验资证明的附件包括银行出具的入资凭证、验资机构的营业执照复印件等。以实物、工业产权、非专利技术或者土地使用权出资的，应在验资报告中载明相关内容，在附件中附以相关的权利证明等文件，并应同时提交经注册的资产评估事务所出具的资产评估报告。

④申请经营国家有关专项规定的行业，应提交有关部门的审批证件，物流企业主要有：

a. 申请运输业应向运输管理部门出具经营许可证明（包括车辆牌照、驾驶执照、保险凭证）。

b. 申请从事资源开采、建筑设计、施工、交通运输、食品生产、药品生产、印刷、旅店、外贸、计量器具制造等行业生产经营的私营企业，应当按照国家有关规定提交有关部门的审批证件。

⑤合伙企业申请登记时，应提交合伙人的书面协议，合伙人的书面协议应载明合伙人的出资形式、出资数额、盈余分配、债务承担、入伙、退伙、合伙终止等事项。

⑥有限责任公司注册申请登记时，应提交公司章程。包括下列事项：

a. 公司名称和住所；

b. 公司经营范围；

c. 注册资本；

d. 股东的姓名或者名称；

e. 股东的权利和义务；

f. 股东的出资方式和出资额；

g. 股东转让出资的条件；

h. 公司的机构及其产生办法、职权、议事规则；

i. 公司的法定代表人；

j. 公司每年的事由与清算办法；

k. 股东认为需要规定的其他事项。

⑦技术资格证明。私营企业应提供与经营范围有关的主要专业人员（包括会计、技术人员等）的技术资格证明，法律法规另有规定的除外。有限责任公司设立登记，应向公司登记主管机关提交下列文件：

a. 公司董事长或执行董事签署的《公司设立登记申请书》；《公司设立登记申请书》由申请人到公司登记机关领取，并按要求填写。

b. 全体股东指定代表或者共同委托代理人的证明，它是指全体股东在股东成员中指定某个成员作为到公司登记机关申请设立登记的代表，或者全体股东共同委托股东以外的人来代理股东进行申请登记注册活动的证明文件。该文件的形式应是委托书，该委托书应由全体股东盖章或者签字。股东是法人的应加盖法人印章，股东是自然人的，应签署姓名。委托书应附有被委托人的身份证复印件。

⑧公司章程。公司章程是公司设立的重要文件，其内容应齐备，符合《公司法》规定的各项要求。

二、小组活动安排

（一）活动内容

如何创建一家物流公司？随着互联网经济的不断发展，现代物流产业不断深入融合各产业需求，发展日新月异，各种类型的中小型物流企业不断涌现，为中国物流行业的发展提供了活力。作为一名物流专业的学生，在发现社区配送的需求不断增长，创业成本可控，有广阔的发展前景下，如果决定创办一家小型的社区配送企业，并成功创办一家自己的企业，那么应该如何迈出创业的第一步？

任务：

注册成立一家物流公司需要哪些步骤？

（二）成果展示

（1）各小组结合知识准备内容，对活动内容进行分析。

（2）每个小组的代表向同学们进行成果展示，要求语言通顺、表述清晰。

任务评价

1. 小组活动评价标准

组长负责每个组员的工作过程，制定量化评价标准，总分值为30分，各项评价标准如下：

（1）态度：积极参与课堂活动，态度端正。

（2）意识：互助合作，服从组长安排，各小组成员一起分担任务和责任。

（3）展示：能参与活动展示，语言清晰，举止大方得体。

（4）效果：完成活动任务，分析准确、全面。

表4－5所示为小组成员评价意见。

表4－5　小组成员评价表

小组名称：　　　　　　　　　　　　　　　　　　　　　　　　　组长：

小组成员	态度（5分）	意识（10分）	展示（5分）	效果（10分）

2. 教师评价标准

教师负责评价每组的任务完成情况，制定量化评价标准，对工作结果进行评价。总分值最高70分。教师对小组进行评价的标准见表4－6。

表4－6　小组评价指标

序号	评价指标	分值（分）
1	能在规定时间内小组合作完成工作任务并顺利展示，操作流程规范，岗位职责明确	60～70
2	能在规定时间内小组合作完成工作任务，能进行展示，但在操作流程规范，岗位分工等方面存在小问题	50～59
3	获得教师或其他组的帮助后能完成工作任务并进行展示	0～49

3. 教师点评

教师进行点评时，开展小组自评、组间互评，教师汇总各小组评价进行总结点评，每个学生最后得分为所在小组分值加上成员评价分值。

应用训练

安排学生上网查找有关物流企业建立的小知识、小案例，利用课余时间进行交流。

拓展提升

筹备物流公司计划书

1. 背景

物流是21世纪的朝阳产业，在社会进步、经济飞速发展的同时，现代物流科学的发展，为国民经济和企业的发展带来了巨大的经济效益，越来越受到人们的高度重视。我国物流科学研究还处于起步阶段，物流高级化还远未普及，企业物流蕴含的巨大效益潜力还远未充分发挥，众多企业的物流依然处于潜在状态。可以预见，物流业将成为我国经济发展的一个新的经济增长点，发展物流事业既符合国情又具有广阔市场。我们要抓住机遇，以崭新的物流形象展现在行业面前，我们已经跨入21世纪，市场竞争将更加激烈，物流水平的高低也是今后竞争胜负的一个重要因素。

物流已作为一个新兴产业，在社会发展中起着重要的作用，物流不仅包括实体操作方面的设施，而且包括提供物流软件、物流系统、物流方案、物流设备等的第三方物流，大家在不同的层面上进行竞争。

2. 公司名称

迅雷物流。

3. 公司定位

公司将成为该地区的一家第三方物流公司。公司致力于整合地区的物流资源优势，使地方的有利条件得到充分发挥，形成完备的物流系统，为地方的经济建设提供可靠的保障及有力的支持。

公司将在1~3年内对地区性的物流资源进行整合，形成服务一流、设备完备、技术先进、管理到位的地区性物流公司。

4. 公司的服务理念

（1）服务宗旨：更便捷、更安全、更准时的物流服务。

（2）目标：将公司建设成为双流区方圆150千米范围内较大的物流公司。

（3）经营范围：物流中介、运输服务、电子物流、管理服务、包装物流等综合性物流公司。

（4）服务形式：主要业务包含物流的基本业务，即运输、保管（即仓储）、代加工、包装及配送。

（5）服务优势：综合利用资源，减少资源浪费，取代“各自为政”的现有局面。

5. 区域优势分析

成都市既是交通枢纽城市，又是四川省的省会，有很多的企业。而双流区有一个航空港，交通便利，境内的工业发展迅速，有良好的工业基础，农产品丰富，周边地区的工业状况也比较良好。

6. 市场分析

初期，我们所面对的成都市场是一个完全开放的市场，我们的任务是将本地的现有资源进行整合，形成完整的物流体系。与周边的物流企业协作，国内的生产厂商联合，逐渐扩大规模，完善服务业务和运作管理水平。

优势在于：四川省的物流条件还不够完善，给我们提供了足够的市场机会，市场完全开放，政策支持，有办企业的优惠条件。

7. 市场营销

（1）营销目标。以最快的速度进入本地市场，并在周边地区取得一定的市场份额。本着用心服务的原则，与国内的厂商和客户建立良好的合作伙伴关系。

（2）营销策略。凭借过硬的服务、较低的价位开拓市场。公司将在创业初期采用如下策略：以服务赢得市场的经营策略，完善自身的服务水准。根据市场的需要制定灵活的价格策略，与客户培养良好的伙伴关系，提升公司的区域影响力。广告的宣传将我们的品牌打出，用服务支撑我们的品牌。通过电子平台，建立可靠的信息支持系统，为我们公司的决策和服务提供有力的保障。

8. 公司的发展规划

第一年：公司成立，建立仓储、办公场所，完成业务流程设计，信息平台的建设，在成都市建立最初的业务关系网络，并试着向周边地区发展。

第二年：将与周边地区公司合作，共建区域性物流网络。逐步与国内的企业联系业务，成为其在西南地区的物流服务提供商。

长期计划：将公司发展为该地区最具实力的，业务覆盖全国，涉及海外业务，技术设施齐备的物流公司。

9. 公司组织与人力资源

公司成立之初采用树形结构与横向工作相结合的形式，建立完善的部门，依靠项目经理与各个部门通力合作，完成我们的工作。各级管理人员形成一个团队，明确职责、各尽其能。建立有效的激励机制，为员工营造良好的工作环境。

我们相信“我为人人”的服务理念，物流服务从实质上讲依然是为人服务。人不仅是公司以外的客户群，在公司内部我们人尽其才，才能确保物尽其用，本着尊重人、团结人、服务人的理念塑造企业文化。

我们将与附近的大学联合，定期培训我们的业务骨干，不断提高员工素质，将人的成长视为企业成长的基础，对人的继续教育视为企业可持续发展的关键。

10. 风险分析及对策

我们已经认识到，机遇与挑战并存。我们将全面分析公司所面临的风险，制定出行之有效的对策，使公司走上可持续发展的道路，充分考虑市场准入及退出的细则，保证投资者得到应有的收益。

11. 财务分析

公司总投资 1 200 万元，前三年平均资产回报率达到 68%，四年内将收回全部投资。我们将根据市场的变化及周边地区客户的情况，及时调整财务指标，制订切合实际的预算方案。

建立财务审核及监督体系，确保资产不流失，即投资收益最大化。实现财务系统电算化，完善基本财务制度，提高财务人员的业务水平。

任务四
初步规划物流职业生涯

任务描述

对于刚刚毕业的物流专业学生而言，他们对于就业市场总是充满向往。王晓玲是晟明物流公司人力资源部的主管，她决定给新进员工上一次职业生涯规划课，让新进员工能更好地适应公司的工作要求并对未来有一个很好的规划。

任务目标

素质目标：

1. 培养学生分析问题和解决问题的能力
2. 培养学生查阅专业技术资料的基本能力
3. 培养学生职业生涯规划能力

知识目标：

1. 了解物流行业人才的基本素质
2. 熟悉职业生涯规划的步骤

能力目标：

1. 能自我剖析，对照行业需求，找到差距
2. 能尝试对自己的物流职业生涯进行规划

浅议职业生涯规划

任务实施

一、知识准备

物流是个诱人的新兴产业，不仅加速了社会经济的发展，促进人们生活质量的提高，而且就业的潜力巨大，前景广阔。目前物流业的现实情况是：急需大量具有一定知识储备的一线操作人员。

一方面是大量物流一线岗位虚位以待，求贤若渴，另一方面是成千上万的无业人员渴望就业、积极应聘。但为何就是谈不拢、留不住呢？许多物流企业人力资源经理分析认为，主要是广大应聘者和试用工对物流一线岗位操作的实际情形缺乏了解和认识，有一些不切合实际的想法和期望值过多、过高，对未来的工作缺少足够的心理准备和承受能力，归根结底是个人就业观念问题。因此，要在物流一线求得一职，发展成才，关键是要了解物流业态，具备基本素质，经得起方方面面的考验。

（一）接受环境挑战的意识

物流作为一种产业，是由无数个与货物打交道的企业构成的。物流一线操作涉及的内容

一般包括原材料和产品的储存、装卸、包装、运输、配送。物流操作现场大多在城市边缘的车站、机场、港口、码头附近，少有现代都市的生活气息和繁华；车队、库房大多比较简陋，不少是露天堆场。作业时蚊叮虫咬、风吹雨打，夏天太阳晒、冬天寒风刮是常有的事，与大都市写字楼的工作条件相差甚远。简陋的条件和环境是横在城镇就业者面前的一道难以迈过的坎儿。到物流一线就业首先就要战胜自我，从想象的那种坐在计算机前打打单证、坐在会客厅里洽谈业务的境界中摆脱出来，面对现实，勇敢地接受条件和环境的挑战，克服困难、脚踏实地，经受住艰苦环境的考验。

（二）作业风险防范意识

物流一线作业，就是接受客户、货主的委托，通过储存、装卸、包装、运输、配送等环节的操作，实现对客户、货主的承诺。客户、货主委托作业的商品都是有价值的实物，有的还十分昂贵，一铲一托、一包一箱就是成千上万的价值。物流作业现场不测因素多，极易发生质变、溢缺、破损、丢失等事故，无论发生何种事故，低廉的服务费用是远远抵偿不了巨大的经济和信誉损失的。物流作业绝不是有些人认为的收发和搬运的简单劳动，而是一种风险大，关系到客户、货主、企业、个人切身利益的业态。走上物流一线作业岗位，必须熟悉商品，严格遵守操作规则，坚守岗位、精力集中、尽心尽责，杜绝差错和各类事故的发生。

（三）吃苦耐劳的精神

“入世”以来，国际竞争国内化、国内竞争国际化的趋势越来越明显，市场需求日益朝着多品种、少批次、周期短、流速快的方向发展。客户、货主对物流服务的要求也趋向于高质量、快节奏，从而提高企业的竞争力。从这一意义上讲，速度就是优势。因此，许多物流一线的理货员既当收货员，又当发货员，同时又是统计员，车轮连轴转，长途运输司机常常顾不上吃饭、睡觉，大家都在抢时间、争速度。与传统仓库、车队的慢节奏相比，劳动强度、苦累程度不可同日而语。由此可见，有无吃苦耐劳的精神，是物流一线员工能否胜任本职工作的关键。

（四）自我保护意识

物流一线作业员工整天同装卸设备、运输车辆和货物打交道，极易发生翻车、货垛倒塌、机具碰撞、火灾、中毒等事故，轻则致人伤残，重则人命关天。作为企业，要把一线员工的人身安全放在高于一切的位置，采取切实可行的防范措施，同时购买人身、设备和货物保险。作为一线操作员工，既不能人人自危、临场胆怯，更不能掉以轻心，盲目乱干。只要心中时刻想着安全，处处小心防范，严格遵守规章制度和操作规程，各类事故都是可以避免的，人身安全就有了保证。

（五）保持平常心和宽容心

在物流市场，客户、货主是上帝，他们在业务外包和服务价格上握有主导权，对物流协作单位有取舍的权利。他们中有的以救世主自居，随意发号施令，更改和增加服务内容；有的无理指责、刁难、侮辱和投诉物流一线作业员工，如果抗争，吃亏的总是物流员工。不少一线操作员工觉得低人一等，常常感到窝火和委屈。企业领导经常与客户、货主加强沟通，增进双方的理解和友谊是重要的，更重要的是员工自己要保持一颗平常心和宽容心，能做出说明的，要以正当的理由做出委婉的解释，无法解释的请求上司出面协调。但无论如何都要按照作业要求，确保服务质量，以此赢得客户、货主的尊重与理解。

（六）承受巨大的寂寞压力

物流一线一般是指仓库、码头、堆场、机场。作业人员成天与货物打交道，点数量、记数字，有时见物不见人，连个说话的人也没有。年轻人很难耐得住寂寞，有的借故串岗、离岗。这样容易造成差错和事故，这种现象多了，工作岗位就难保。不少物流企业的年轻员工就是因为耐不住寂寞，擅离职守、造成差错、造成损失而被辞退的。选择物流行业，就要了解这一特点，就要有足够的思想准备。到了工作岗位上，就要专心、坚守岗位、聚精会神、把件数点清、把数字记清。为企业尽责，既向客户负责，也向自己负责。

（七）处理好人际关系

物流一线，是中低端的服务场所，表面上看，紧紧张张、忙忙碌碌，其实人际关系也同样复杂。表现在工作上就是干得多点少点斤斤计较，厚此薄彼感情用事，说三道四搬弄是非，成团成伙关系庸俗，仗义执言遭受非议，出了差错扯皮推诿。这些问题，如果没有正确的认识，正确的态度和方法，很容易把关系复杂化，影响心情和工作。正确的态度和方法是，少说多干，少参与是是非非的议论，有了瓜葛牵扯就及时说明情况，消除误会和隔阂，必要时直接与上司沟通，争取理解和支持。一句话，就是要把主要的精力用在业务知识的钻研和做好本职工作上，这才是最重要的。

（八）扎扎实实打基础

近几年来，物流人才的需求成了大热门。何谓物流人才？笔者以为应是有大专以上学历，有物流供应链上某一环节或多个环节的操作经历，有较强的系统设计、信息处理、客户服务、资源整合和市场开拓能力，有良好的经营管理业绩者。是不是物流人才，不但要有学历和专业知识，更要有丰富的实践经验和出众的经营管理业绩，也就是说物流人才是在实践中锻炼成长起来的。物流一线作业是物流人才的成长基地，要成为物流人才，就要从一线干起，在一线增长才干。一线的基础夯实了，才有开拓的思路，创新的举措，才能显示出过人的才华，创造出骄人的业绩，一步一个脚印地迈入坦途。

（九）学会一专多能

物流行业竞争激烈、生意难做、分工太细、用人太多，会加大企业的成本支出。因此，企业领导、人事经理不得不在用人成本上动脑筋、想办法。一专多能的操作工当然是企业的首选。现在，复合型的操作工、业务员已经成为物流行业用工的趋势。写字楼里的“白领”，不论是做进口的还是出口的，不论是做海运还是空运的，都应当会报关、报检、报验，还要会做上下游相关岗位的操作。连最简单的仓库工作也是这样，过去的工作分工很细，管收货的不管出货，管备货的不管保管，理货的与车不搭界。还有运输的驾驶员与交单、送货、搬运是两码事。现在就不一样了，要求员工一专多能。因此，从业人员必须刻苦学习，掌握多项本领，这样的人才受企业的欢迎，才能发挥更大的作用。

【课堂体验】 自己能不能满足上述物流职业生涯规划的要求？

____

____

____

二、小组活动安排

（一）活动内容

以“规划自己的物流职业生涯”为主题，开展一次演讲比赛。

任务：

撰写演讲稿，制作 PPT 并进行演讲。

（二）成果展示

（1）各小组结合知识准备内容，对活动内容进行分析。

（2）每个小组的代表向同学们进行成果展示，要求语言通顺、表述清晰。

任务评价

1. 小组活动评价标准

组长负责每个组员的工作过程，制定量化评价标准，总分值为 30 分，各项评价标准如下：

（1）态度：积极参与课堂活动，态度端正。

（2）意识：互助合作，服从组长安排，各小组成员一起分担任务和责任。

（3）展示：能参与活动展示，语言清晰，举止大方得体。

（4）效果：完成活动任务，分析准确、全面。

表 4－7 所示为小组成员评价意见。

表 4－7　小组成员评价表

小组名称：　　　　　　　　　　　　　　　　组长：

小组成员	态度（5 分）	意识（10 分）	展示（5 分）	效果（10 分）

2. 教师评价标准

教师负责评价每组的任务完成情况，制定量化评价标准，对工作结果进行评价。总分值最高 70 分。教师对小组进行评价的标准见表 4－8。

表 4－8　小组评价指标

序号	评价指标	分值（分）
1	能在规定时间内小组合作完成工作任务并顺利展示，操作流程规范，岗位职责明确	60～70
2	能在规定时间内小组合作完成工作任务，能进行展示，但在操作流程规范，岗位分工等方面存在小问题	50～59
3	获得教师或其他组的帮助后能完成工作任务并进行展示	0～49

3. 教师点评

教师进行点评时，开展小组自评、组间互评，教师汇总各小组评价进行总结点评，每个学生最后得分为所在小组分值加上成员评价分值。

应用训练

安排学生上网查找物流界成功人士的案例，吸取他们在职业规划道路上的成功经验，并进行交流。

拓展提升

职业生涯规划的“坎”

第一坎：“青黄不接”阶段

有很多企业在招聘应届大学毕业生时往往是“专业不限”，这一点在营销领域表现得尤为突出：不管你是学什么的，只要你对营销工作怀有满腔热情，就欢迎你加盟公司，并且公司往往不惜重金对这些新员工进行大规模培训，并美其名曰“只有一张空白的纸才能画出最美的图画”。

但如果你已经工作了若干年再去求职，比如1~3年，就成了最为致命的“青黄不接”时期（主要指个人技能、技术“青黄不接”），我们形象地称为“姥姥不疼，舅舅不爱”的尴尬阶段。

第二坎：“职业塑造”阶段

工作3~5年后，你就会逐渐步入“职业塑造”阶段，逐渐熟悉组织文化，了解组织内情，建立初步的人际关系网，经过一段时期后，你的“职业性格特点”就显现出来了。

哪些是你擅长的地方？而哪些又是你不足的地方？于是你开始进入“职业塑造”阶段，对职业方向进行合理调整和矫正。

第三坎：“职业锁定”阶段

明白了自己擅长、有兴趣、有人脉的方面，就要锁定方向——进行定位，这是至关重要的一步。定位准确、事半功倍；定位不准确、事倍功半。

认识自己容易，但看出哪些职业有发展空间是需要做大量功课的：面上的、点上的，都要关心。面上，是要看社会需要；点上，是要看行业趋势。确定这些，要多浏览信息、广结良师益友，同时，要有决断力。有的人，做事优柔寡断，职业定位就会出现困难。

第四坎：“事业开拓”阶段

工作10~15年，你的“职业”将成为终身的“事业”，意味着你开始从前期“职业阶段”中的技能、经验及资金积累走向人生事业的开拓历程。

可能你在这个阶段仍然保持着原来的“职业”状态，仍然每天在为“老板的事业”而奔波，但年龄和阅历已经将你推向了事业发展的起跑线。并且无论你是否愿意都要跑，你的家庭开始逼迫你为他们着想，你的事业心和成就感都决定了你要开始考虑自我了。

第五坎：“事业平稳”阶段

工作15年以后，你已经步入“不惑之年”，前期的“职业阶段”和“事业开拓阶段”已经为你留下了不少积淀。

在这个阶段，你需要考虑的是如何使你的事业能够在平稳的过程中持续上升。这期间你还要不断地去观察市场、了解市场，不能有丝毫的松懈，所以你可能会感觉很累、很辛苦，不过你见得多了，承受压力的能力也增强了很多，于是你也就能游刃有余了。

回味与思考

一、单项选择题

1. 物流企业是指从事物流活动的、独立承担民事责任的（　　）。

A. 经济实体　　B. 经济组织

C. 市场部门　　D. 市场组织

2. （　　）是决定管理者采取何种类型组织架构的一个关键因素。

A. 经济　　B. 环境

C. 流通　　D. 债务

3. 企业的组织架构是其实现经营战略的主要工具，不同（　　）要求不同的结构。

A. 经营方式　　B. 经营战略

C. 生产方式　　D. 生产战略

4. 有限责任公司注册申请登记时，应提交（　　）。

A. 法人章　　B. 规划设计

C. 公司章程　　D. 审计情况

二、多项选择题

1. 建立物流企业组织结构的基本原则是（　　）。

A. 精简　　B. 统一

C. 自主　　D. 高效

2. 中国物流的发展对人才需求的主要方面为（　　）等战略型物流人才。

A. 企业物流应用人才　　B. 物流项目开发人才

C. 物流管理人才　　D. 物流教学科研人才

3. 我国的物流企业设立方式一般有（　　）。

A. 原则设立　　B. 核准设立

C. 方式设立　　D. 准则设立

4. 我国物流企业常见的类型有（　　）。

A. 合伙公司　　B. 有限责任公司

C. 有限股份公司　　D. 综合服务公司

5. 合伙企业申请登记时，应提交合伙人的书面协议，合伙人的书面协议应载明合伙人的出资形式、（　　）等事项。

A. 出资数额　　B. 盈余分配

C. 债务承担　　　　　　　　　　D. 入伙、退伙、合伙终止

三、判断题

1. 精简，是指企业经营管理的各类机构的组建应同企业的经营规模和经营的任务相适应，它要求机构设置精简管理层次，压缩管理人员的编制。（　）

2. 矩阵模型将引发对资本主义完全的自由市场经济的反思，对现行企业管理模式的反思，并将重新聚焦世界对中国特色社会主义市场经济模式的更多思考，这正是C模式（智慧型组织—中国模式）的价值所在。（　）

3. 职能制的优点是能适应现代化工业企业生产技术较为复杂，管理工作比较精细的特点。（　）

4. 物流作为一种产业，是由无数个与货物打交道的企业所构成的。（　）

5. 智慧型组织结构的优点是：机动、灵活，可随项目的开发与结束进行组织或解散；由于这种结构是根据项目组织的，任务清楚、目的明确，各方面有专长的人都是有备而来的。（　）

四、简答题

1. 物流企业组织结构有哪些类型？
2. 矩阵结构的优缺点有哪些？
3. 物流企业需要的人才类型有哪些？
4. 设立物流企业应具备哪些条件？
5. 直线制物流企业组织结构的优缺点有哪些？

参考文献

[1] 李松庆．物流学．北京：清华大学出版社，2008.
[2] 宋文官．物流基础．北京：高等教育出版社，2012.
[3] 李升全，毛艳丽．物流基础．北京：高等教育出版社，2012.
[4] 鲁楠，商金红．现代物流基础．北京：中国物资出版社，2010.
[5] 甘卫华，尹春建，曹文琴．现代物流基础．北京：电子工业出版社，2010.
[6] 蓝仁昌．仓储与配送实务．北京：中国物资出版社，2011.
[7] 郭希哲．货物运输实务．北京：中国物资出版社，2011.
[8] 郝冰．现代物流基础．北京：中国劳动社会保障出版社，2012.
[9] 刘兆．现代物流（案例与实践）．北京：北京理工大学出版社，2011.
[10] 刘琪．电子商务概论．北京：高等教育出版社，2004.
[11] 谢雪梅．现代物流基础．北京：北京理工大学出版社，2010.
[12] 郑彬．现代物流基础（第二版）．北京：中国财政经济出版社，2011.